解码"供给侧改革"

2016—2020 中国经济大趋势

厉以宁　吴敬琏　林毅夫 等◎著

群言出版社
QUNYAN PRESS
·北京·

图书在版编目（CIP）数据

解码"供给侧改革"：2016～2020中国经济大趋势/厉以宁等著．--北京：群言出版社，2016.3（2017.1重印）
ISBN 978-7-5193-0051-7

Ⅰ．①解… Ⅱ．①厉… Ⅲ．①中国经济—经济发展趋势—2016～2020 Ⅳ．①F123.2

中国版本图书馆CIP数据核字（2016）第042628号

责任编辑：杨 青
封面设计：逸品书装设计

出版发行：群言出版社
地 址：北京市东城区东厂胡同北巷1号（100006）
网 址：www.qypublish.com
自营网店：https://qycbs.tmall.com（天猫旗舰店）
http://qycbs.shop.kongfz.com（孔夫子旧书网）
http://www.qypublish.com（群言出版社官网）
电子信箱：qunyancbs@126.com
联系电话：010-65267783 65263836
经 销：全国新华书店

印 刷：北京市宏泰印刷有限公司
版 次：2016年4月第1版 2017年1月第4次印刷
开 本：710mm×1000mm 1/16
印 张：15
字 数：165千字
书 号：ISBN 978-7-5193-0051-7
定 价：45.00元

前 言

“十三五”规划和中国经济的下一程

北京大学光华管理学院名誉院长、教授　厉以宁

第一个问题是供给和需求两端乏力和结构的调整。在经济学里面，需求调节是近期行为，为什么？因为当经济中出现了失业过多，或者通货膨胀的时候，就需要调节总需求，或者是抑制总需求，或者是刺激总需求，这是近期的调控行为，一般的国家都能做到。

供给方面的调节被认为是中期国民经济管理的任务，为什么是中期而不是近期呢？近期是调需求，中期是调供给，调供给主要涉及的问题就是结构调整。

这个结构调整一般从四个方面来表现：第一个调整是产业结构的调整。就必定是有一些产业已经落伍了，所以停滞了，但是它们还在消耗原材料、消耗能源，如果不进行这样的调整的话，供给方面的乏力是很难解决的。

第二个调整是区域经济的调整。因为区域经济的格局

是多年以来形成的，一定是其中有些方面不利于今后经济的发展，或者贫富差距扩大影响了消费，所以区域方面的调整是中期的任务，也是供给方乏力的准备。

第三个调整是技术结构的调整。因为一个国家的技术结构是不一样的，每个国家都不同，可能适应当时的情况，比如说先进的居少数、中间状态的多，还有一些落后的，为了维持社会的稳定，不要让更多人失业，也就保存下来了，这种技术结构的调整是必要的。创新实际上就是突破，就是不能停止在原来的那种技术结构上面，所以这也是供给乏力的前提。

第四个调整是资本结构的调整。人类资本结构的调整，原来是没有注意到的，后来逐渐受到重视。因为每个国家劳动力的数字情况是随着时代的发展而有所变化的，假如不在这方面注意到，那很可能出现过去的人类资源枯竭、用完了，为什么会这样？因为当时是着重在低成本的劳动力，现在不行了，现在必须有新的劳动力，所以，供给方面的调整归根到底就是结构调整，这就是我们讲的一定要加大结构调整的意义。

结构调整中的产业结构调整和创新是首先连在一起的，高新技术一定是要发展的，短板行业中如果是高新技术的短板那就要尽快把它发展起来，这是结构调整的重要问题。那大家可能就要问了，原来的怎么办？原来已经落伍的怎么办？一定要有壮士断臂的决心砍掉，你不下这个决心最后他们也在消耗原材料，也在消耗能源，你能够有多少精力放在高新技术的发展方面来补短板呢？所以这个结构调整是重要的，是供给乏力的一个重要方面。

区域结构调整。区域结构调整为什么呢？我们前面讲需求调整，区域结构调整很大的一个问题是和人民的收入水平连在一起，人民的收入水平提高了总需求就大了，现在就涉及到这个问题，总需求为什么上不去？就是区域结构调整慢了、没解决问题，所以在产业结构调整的同时，必须有区域结构的调整，这就是我们常说的要开放中西部，要全力消灭贫困线，这就涉及到很多问题，关键问题是中国的收入分配问题实际上是三种资本的均衡，在城乡的分配中是不变的，哪三种资本？物质资本、人力资本、社会资本，这就是经济学里常说的三种资本。

物质资本怎么来的？就是货币投入转化为生产资料，这就成为了物质资本。厂房设备、机器设备、原材料的供应都在这里面，如果这方面不解决那区域方面的协调就是难的。其次是人力资本结构，人力资本结构要调整，低素质劳动力逐渐替换。三是社会资本，这里所说的社会资本不是现在我们在报纸上常看到，把民营资本、民间资本叫社会资本，经济学里面有社会资本的特定含义，经济学里面的社会资本是指人际关系，是无形的资本。比如广东人、福建人下南洋，他很快就起来了，只要他勤奋、勤恳，只要他有信用，同乡很多，互相一帮助他就起来了，没有信用就没有社会资本，不诚信连过去的社会资本都丢了。

但在三种资本中，城乡差距是大的，所以别人经常奇怪地问了，改革开放以前，城乡收入差别并不显著，改革开放以后城乡差距越来越大了，这和改革开放有什么关系呢？这就和三种资本的持有情况有关了。城里人的房子祖传的有产权，购买的商品房有产权，他需要投资进入市场，一抵押钱就到手了。农民在土地确权以前长期之内没产权，农民没有产权他祖传的房子也没产权，宅基地自己盖的房子也没产权，没有产权不能抵押，所以物质资本的差别就存在，并且在不断扩大着。

第二人力资本怎么办？教育资源的分配是不均衡的，城里的义务教育校舍好，老师质量好，设备齐全，学生能学到点东西；农村教育多年以来是受歧视的，人员经费少、房子破破烂烂，现在才改，师资队伍不行，学生都还行。所以我到贵州去考察的时候，那是十多年前的事情了，那时候还没有高速公路通到毕节，从贵阳到毕节的路走的是省道，两边的墙上都是刷的大字的标语“读完初中外出打工”，我说读完初中才 15 岁，顶多 16 岁就能到外面打工了？你这样鼓励人家读完初中就去打工也不对，这就是人力资本的欠缺。所以城乡人力资本差距大，越来越大，因为城市学校越办越好，现在才在改。

社会资本呢？城里人如果想投资，他总有亲戚，亲戚的亲戚，总有朋友，朋友的朋友，他这样就有了。农村里，特别是山沟里的农民，市场上一个都不认得，他只认得同乡出去打工的，就跟着一块走吧，他有什么社会资本？

物质资本农村不如城市，人力资本农村不如城市，社会资本农村不如城市。这就是当前造成区域差距很大的原因，所以这个结构调整实际上就包括了一系列措施，包括农村的土地确权，农村怎么把信用开放，允许农民有自己的产权证做抵押等。

第三，技术调整。技术结构的调整这个问题很大很难，它影响到社会的公众目标，社会的目标是稳定，既然要稳定不能裁员，这也对，因为中国这么大了，一定要安排出路，在没有安排出路的时候，宁肯用旧技术，不能用新技术。新技术的情况是不同的，我最近在地方考察，看到建设规模很大的企业，上百亿的投资建成的企业，我问那个企业家，你会增加多少就业？他说我一个都不增加，我还裁员呢。为什么？他说全是机器人生产。所以这种情况是重要的，在中国经济结构的调整不完全是技术的问题，也不完全是一个科技创新的问题，它涉及到人员安排的问题。

第四个结构就是新劳动力。最近学到一个新名词叫海归，海外留学回来的学生回来工作叫海归，现在有一个新名词叫城归，从农村出来到城市干了一段时间活，积累了一些技术和金钱回家创业去了，这就叫城归。城归的出现不是简单的，实际上意味着中国正在变化，变化什么呢？过去的人口红利渐渐消失了，新的人口红利正在增加。

我走了几个地方，贵州毕节考察了它的职业教育培训区，整个一个区全是中专、全是职业学校，毕节人外出打工训练好再去，这样你自己有本事了，钱也赚得多，而且你不出去自己回来干小微企业也行。所以说新的人口红利正在增加。

我在浙江考察就发现浙江土地确权以后，田不是浙江人在种，土地已经确权了，你干吗不种？他有更高的门路，他到城里去，他已经学了技术了，自己开作坊、开商店去了，田总有人种的，安徽人在种。

我的家乡在长江北岸江苏扬州市的仪征市，是个县级市，那里的田都很好的，过去是鱼米之乡，到了现在田谁种？苏北来的人种的，这里的人到外面干手艺去了，因为他会洗澡、搓背、修脚。所以不要紧，只要有人种就行，现在他们需要的是训练，训练什么？知识方面的训练。

所以这样我们就看得很清楚，中国结构方面的调整是很必要的，要供给乏力需要结构调整，即使是需求的刺激、需求的抑制也需要跟结构调整配合在一起。

我在河北省考察的时候被企业家包围了，让我讲四句话，你们自己去体会。

第一句话就是让产品更个性化。既然你生产的产品是加入市场竞争的，你必须个性化，因为你不个性化这个产品没人买，每个人回家去看，把你家里的箱子打开、柜子打开，你把箱子和柜子打开一看里面的衣服都是新的，干吗不穿了？穿过几次就算了，也不是没穿过。为什么？式样过时了，料子不够鲜艳，和现在的风格不一样了。你不这样的话商店里卖的都是以前的衣服，谁买啊？所以让产品个性化。

第二句话是让服务业更加人性化。现在中国已经进入到了第三产业的产值占 GDP 的 51.4%，这是第三季度的数字，到年底可能还要增加，明年还要增加，发达国家都要到 60%～70%，中国的变化刚开始，服务业要大发展，第三产业要继续发展。这样的话你不人性化，你板着个面孔等着人家来求你，这样是不行的。

第三句话是把品牌打到国外。中国的品牌并不少，中国品牌协会做了一次调查，这个调查就是给外国商人来中国采购东西的发问卷调查，问卷调查里怎么写的？把你最熟悉的中国制造业的品牌写几个在上面。结果问卷调查回来了一看大吃一惊，就一个，什么品牌？茅台酒。茅台酒是不错，茅台酒的宣传工作做得好，广告做得好，但是一讲中国制造就是这个。所以说，品牌还不够。

第四句话是把消费者留在国内。现在中国人到国外旅游的多，据说旅游在一年之中是两万多亿，其中有一半一万亿以上是购物的支出。为什么在国外购物？为什么不在国内购物？关税太高，所以说在国外买便宜些，在国内买贵，还有在国内买碰到假货怎么办？所以这些都需要做，我们要设法提高中国制造的产品质量，就是外国产品经过检测进来也行。

四句话：产品个性化、服务业更人性化、把品牌打到国外、把顾客留在国内，这样需求方面的购买力也就增大了，总之都是一个改革的问题。

第三个问题是混合所有制经济和职业经理人市场。我们知道，国有企业分两类，一类是竞争性的行业，一类是非竞争性行业。非竞争性行业最重要的产业应当是国家控股，这个原则现在变了，那就是竞争性的行业，竞争性行业中着重的是什么呢？竞争性行业着重的是国有资本占多大比例不做规定，根据情况而定。那就是说不一定要控股了，而是根据情况而定。但是要建立完善的法人治理结构，完善的法人治理结构中重要的譬如说股东会要开、董事会要开，监事会要发挥作用，除此之外还有一条就是总经理是聘任的，聘任总经理任期制、责任制。

这就涉及到一个问题了，在混合所有制企业改革中中国还缺乏职业经理人，职业经理人应该有一个市场，因为职业经理人总在一个部门中做过主管的，一个部门中有一点名气的，这样的话他不会像一般求职者那样自己印好简历上门去求哪个需要我，他不会这样的。他得有一个市场，有企业咨询公司，有猎头公司，有企业高管介绍所等机构来帮他推荐。这个中国没有，所以说这就需要大力地培养职业经理人。职业经理人不是国家公务员，国家公务员如果要做就要辞职，职业经理人没有行政级别，你要是国家公务员带级别进去那就不符合职业经理人的原则，这是需要注意的。

在中国的下一个阶段，包括混合所有制企业也包括民营企业都应该走职业经理人的道路。民营企业已经到了考虑下一代甚至第三代接班人的时候，自己的孩子能不能接班？产权没问题可以继承，但是高管呢？总经理职务呢？他适合吗？他有这个能力吗？中国从来都是两种观点在争论：一个是用人唯贤，只要他贤我就用他；一个是用人唯亲，只要他跟我亲是我嫡传的就交给他。这两个都遇到问题了，因为能够贤的这个人可靠吗？跟我有什么其他关系吗？没有。这个人如果是亲的他有本事吗？所以这个问题在民营企业也会遇到，民营企业最后的归结从家长制、家族经营制转到现代企业制度，这在“十三五”中是要逐步推进的，就是民营企业的转型，这个同样需要职业经理人制度。所以我们说为了提高我们企业的效率需要这么做。

第四，我们来展望一下未来，城镇化的任务是什么？城镇化的任务不要忘记是以人为本。农民工的问题中刚才讲过了城归那是好的，他已经有成就了，但是大多数不是这样的。我们在外面的调查是2.7亿左右农民工，还不包括以下三种：一是留守妇女大概4000多万；二是留守儿童，大概4000多万人；三是留守老人大概4000万人，三者加在一起12000万，再加上农民工2.7亿，接近4亿人，这个问题大了，为什么？因为我在农村调查，包括在陕西、贵州都反映一个问题，农民两地分居家庭就不稳了，甚至出现丈夫常年不在家，妻子被怀疑或者真的有外遇，结果男的回来了一气之下把丈母娘全家都杀了的情况。留守儿童的问题也有，留守老人没人管同样有问题。所以城镇化一定要解决这个问题，你不城镇化解决把他丢在农村肯定出问题。男的在外面打工又不回来，老是两地分居不出问题才怪呢，所以这个情况在城镇化的过程中要考虑这样的问题。以人为本在这些方面都是需要做的。

第五，大力发展文化产业，文化产业在中国是很有前途的，而且很爱被大家讲到的。比如我们今天讲的新闻传播是文化产业，书籍出版是文化产业，演出是文化产业，手工艺品是文化产业，很多文化产业正在发展，所以这个情况我们一定要大力发展。在我们文化产业的发展过程中，一定要注意文化产业有它的特殊性，它有两种效应：一个是经济效益、一个是社会效益。因为文化产品、文化演出的对象，小说、剧本、演出等等对象是观众、是读者，你宣传什么东西，现在这个宣传对社会上的人有什么样的影响？对青少年带来什么后果？都需要考虑在内。但是这个需要量是越来越大的，所以文化产业中不能够忘记文化的启蒙作用，文化起着传播知识和道德信念的作用，核心价值观通过文化产业能够更深入人心。这在中国的发展前途是有的，我们可以想象在最近几年内文化产业将会有很大的发展。

以上我一共讲了五个，从供给、需求两方面发力调整结构，混合所有制和职业经理人的市场，讲了新人口红利将会涌现出来，讲了城镇化的任务，讲了文化产业和文化的创新。

最后，我们要对今后做一个预测吧。“十三五”只管五年，但是肯定还有“十四五”、“十五五”，我们经济就在这样变化，互联网普及以后、进一步发展以后，会带来什么样的结果很难预料，在座的也没有人能够预料到十年、十五年以后的情况，但是我们现在看见了苗头就是就业问题，就业问题完全可以用新观念，什么新观念？就是就业者不需要上班，不需要用写字楼的办公室，他在自己家里，只要能够上网就行了，他通过上网就找到了职业，而且他从外面取得报酬，但不需要上班了，不需要上班可能一天工作 12 小时，甚至还要多，他们的积极性起来了，这就是新的。

十五年以后，甚至不到十五年，你能分得清谁是蓝领、谁是白领吗？分不出来了，因为大家都在计算机边上工作，他们自己也不知道，这个名词以后就淡化没人用了。还有人们的休闲采取什么方式很难说，老人的养老会出现什么样的新模式很难讲。

目录 CONTENTS

第三章 权威前瞻："供给侧改革"应如何发力

第四章 全面解读，供给侧改革的挑战与机遇

第五章 “十三五”开局，改革展望

第一章

新常态，新思路，供给侧引领下一程

推进改革　改善供给　确立新常态

国务院发展研究中心研究员　吴敬琏

中国经济现在确实面临着很复杂的状态，一方面，经过三十多年改革，中国的经济、中国的国际地位有很大的提升，面临着一个重要的战略期、机遇期；另一方面，我国发展仍处于可以大有作为的重要战略机遇期，也面临着诸多矛盾叠加、风险隐患增多的严峻挑战。

一、“三期叠加”的挑战

中国经济现在确实面临着很复杂的状态，一方面，经过三十多年改革，中国的经济、中国的国际地位有很大的提升，面临着一个重要的战略期、机遇期；另一方面，我们又面临着很严峻的挑战。十八届五中全会对这种状况做了总结，就是“我国发展仍处于可以大有作为的重要战略机遇期，也面临着诸多矛盾叠加、风险隐患增多的严峻挑战”。

这一概括非常全面、准确和深刻。

我们所面临的矛盾、隐患和挑战可以用“三期叠加”来说明。

第一期是“经济增长换挡期”，经济增长减速这是第一个矛盾和挑战。过去很多经济问题、社会问题都是靠数量扩张来摆平的，一减速这些问题就出来了。

第二期是“结构调整阵痛期”。“九五”规划时就提出需要改善调整产业结构，但是二十年过去了，转变经济发展方式的任务还远远没有完成。现在越来越迫切需要调整结构，实现结构优化，但这件事是要付出很大代价和成本的。

第三期是“前期刺激政策消化期”。我们一直用增加需求来拉动增长，特别是2008年全球金融危机爆发以后，在2008年底到2009年，用强刺激的政策扩需求保增长。增长率保住了，但是负作用很大。最突出的表现是我们资产负债表里面的负债率迅速提高，已经越过警戒线。日本1986年的刺激政策引发资产泡沫，泡沫破裂的后遗症至今还存在影响。日本的前车之鉴启示我们，刺激政策所积累起来的负面结果必须消化掉。

这些问题叠加在一起，就是我们现在面临的各种矛盾，各种隐患，各种挑战。

二、根据“供给侧因素”提出对策

对于增速下降有两种对策选择。宏观经济分析不外乎从两个侧面，即从需求分析或者从供给分析。

第一种对策，可概括为从“需求侧因素”进行分析。之前最流行的“三驾马车”分析方法，就是从需求侧的三个主要因素：消费、投资、出口的状况去探求经济增速下行的根源和寻求对策。这种分析认为增长速度下降是因为消费、投资、出口这“三驾马车”萎靡不振，拉不动中国经济的大车，解决之道就是想办法重振这“三驾马车”。这种分析法显然源于凯恩斯主义的短期分析框架。凯恩斯主义认为需求决定供给，出现经济衰退的原因就是需求不足。

总需求则是由消费、投资、进出口、财政赤字所构成。由此得出的对策，就是靠运用扩张性的财政政策和货币政策来提振需求和保持增长。这种分析方法和从中引出的结论在理论上和实际运用中都是存在问题的。且不说经济学界对于凯恩斯主义的宏观经济理论是否正确存在激烈的争论，即使认为凯恩斯主义的宏观经济理论完全正确，它所针对的也仅仅是经济学所说的短期经济问题，用凯恩斯主义的分析框架去分析长期问题是不合适的。从长期来说，凯恩斯主义的处方不能用。

我们过去一直用需求拉动增长，特别是 2009 年的强刺激，反复的强刺激结果出现了两个问题，第一个问题是经济学上公认的投资报酬递减。中国经济的高速增长在维持了相当长时期以后，在 2008 年由于受到全球金融危机的冲击而使增速一度下降。随后在 2009 年 4 万亿投资和 10 万亿贷款的强刺激下止跌回升，重回 8% 以上的增长速度，甚至从 2009 年第四季度到 2010 年第一季度连续三个季度达到 10% 以上增长率，然后就开始掉头向下。

近几年来，几乎每年政府都会出台一些保增长的刺激措施，但

GDP 增长率仍然一路下行。从 2011 年到 2014 年的四年中，GDP 增长率分别是 9.2%、7.8%、7.7%、7.4%。今年上半年降到 7.0%，第三季度进一步降到 6.9%。今年第三季度刺激措施的强度并不比 2009 年低，但是促进经济增长的效果却几近于无。

强刺激的另外一个问题就是债务积累。一般认为，总的杠杆率到 200% 以上就要引起注意。据有的机构研究，我国去年总的杠杆率已达到 283%，这是很高的负债率，有可能出现系统性风险。系统性的风险一定要规避，如果爆发的话不是短期内就能恢复的。

可见，一方面，由于投资报酬递减规律的作用，刺激政策促增长的效果每况愈下，另一方面，过量的投资会导致杠杆率不断提高、债务积累，这都使我们不能把增加投资作为经济增长的主要动力。而且，从它已经造成的后果来看，采用这种办法的风险太大了。

另外一种方法叫“供给侧因素”的分析。许多经济学家都认为，应该从供给侧的分析寻找对策。供给侧分析认为经济衰退不是需求薄弱，而是因为驱动力量或动力不足。

这个分析框架就是所谓新古典经济学的框架，认为推动供给的基本上是三个因素，第一个是劳动力，第二个是投资，第三个是索洛余值，即技术进步。在 20 世纪中期以前，人们普遍认为，总产出只由劳动力和资本这两个因素决定；如果没有新的劳动力加入，增长的动力只有新增资本（投资）一项。然而投资的单项增长，必然造成投资报酬递减的结果。于是，为了保持一定的增长率，投资率必须不断提高。

美国著名经济学家索洛在 20 世纪 50 年代中期对这个分析方法

提出了挑战，他用美国20世纪前49年的数据，做了一个回归分析，发现增长率并未下降，投资率并未提高。索洛认为，推动经济增长还有一个因素，就是他的公式中的A，这是劳动和投资都不能解释的一个余数，经济理论上叫作索洛余值（Solow Residual），也就是技术进步。这一理论模型对中国过去的高速增长和目前的增速下降都有很强的解释力。

对索洛余值的内容，索洛、库兹涅茨和施瓦茨（Solow、Kuznets & Schultz）有不同的界定。索洛余值的“技术”概念很宽泛，是指所有的生产方法的改进。一些发展经济学的学者认为，这是建立在科学基础上的技术运用。在实际的经济分析中，则是一个常常用到的统计上的概念，叫TFP（全要素生产率），就是效率提高。尽管用语不尽相同，大多数经济学家都肯定地认为现代经济增长的主要驱动力量在于技术进步和效率提高。

用我们现在在实际工作中，政治文件中用的话来说，就是1995年以来提出的经济增长方式转变，或者叫经济发展方式转变。结论是：我们只能依靠经济增长的驱动力从增加投资转向增加索洛余值A（提高TFP），即经济发展方式转型。

三、关键在于建立新的体制、机制

我们提出经济发展方式转型已经二十年了。在1995年制定“九五”规划时，提出要实现两个根本转变：第一个根本转变就是在经济增长方式上从粗放型转到集约型，它的核心是提高效率；第二个是经济体制从计划经济转变为市场经济，这是我们总结了苏联的教训所提出来的。

“九五”（1996—2000年）期间适逢在中共十四届三中全会《关于建立社会主义市场经济若干问题的决定》的指引下兴起的改革大潮，经济体制转型和经济增长方式转型都取得了积极的进展。遗憾的是，到了“十五”（2001—2005年）期间，转型却停顿了下来。“十五”规划有好的方面，就是城市化加速。城市化是推动现代化、工业化一个非常重要的力量，但是我们城市化过程所依据的体制使得城市化增长的方式恶化了。

城市化有两种方式：大多数国家的城市化是从“市”发展而来的。市场主导的城市化有一个自发的权衡利弊的过程，尽量得到城市化的好处，又尽量防止其弊端。而中国的城市化是从“城”来的。我国的城是有行政级别的，世界上很少像中国这样，城市分成正部级城市、副部级城市、地级城市、县级城市。城市的级别与城市规模有关，规模越大，级别越高。级别越高，掌握支配资源的能力更强。

我国的土地制度也给主导城市化进程的政府增加了一个巨量的资源来源。低价征购的土地以市场价出售，形成了巨量的土地批租收入，这就提供了政府主导城市化的财政基础，而且城市规模越大，土地财政的收入就越多。这就更加刺激了这种摊大饼的城市发展方式。于是形成了恶性循环。城市化本来是人的城市化，可是我国土地城市化的速度比人的城市化的速度快得多，这样的摊大饼全国“蔚然成风”，于是出现了“鬼城”，以及交通拥堵等等现状。

为什么我们过去这二十年中虽然三令五申，但转变经济增长方式没有取得理想的效果呢？根本的问题在于改革推进不足，所以这些体制性障碍就没有能够消除。回到我们现在讨论的问题，如果以上分析是对的，就可以得出一个结论：我们采取的方针就是不要靠刺激措施来保证经济增长，而要在稳住大局，保证不出现系统性风险的前提下，把主要的力量放在推进改革上，通过推进改革消除这些障碍，来实现效率的提高、结构的改善、经济发展方式的转型。这是一个基本的方针，也是一个正确的方针。

四、控制和化解风险，为推进改革赢得时间

保证不出现系统性的风险，大体有两方面的措施。

一方面堵塞漏洞、化解风险。

要妥善处理各级政府的债务。要停止风险的积累，不要再做回报过低甚至完成没有回报的投资。要停止对“僵尸企业”的输血，动用国有资本偿还政府的债务。对资不抵债的企业实施破产或重整，释放风险，停止“刚性兑付”。有些企业已经出现了危机，应该在债权人和债务人之间分担风险，但是我们现在通常的办法是由政府承担。赔了都是由政府负责，当然最后都是由纳税人承担。盘活由于粗放式增长形成的死资产存量。例如闲置的地产项目、“晒太阳”的开发区等。总而言之有很多的办法，把已有的风险释放掉，要想办法化大震为小震，不要因张力积累最后来一个大震。

另一方面是辅之以适当的货币和财政政策，维持宏观经济的基本稳定。

在当前的形势下，宏观经济政策仍然应当执行 2014 年 12 月中央经济工作会议确定的“积极的财政政策要更有力度，货币政策要更加注重松紧适度”的方针。货币政策要坚持稳健的方针，是由于当资产负债表发生问题，杠杆负债率过高，就会出现普遍的偿债困难，人们都会捂紧“钱袋子”，保持足够流动性在手里，而不愿借债来进行长期投资。

如果主要用货币政策采取刺激需求，多发“票子”，扩大信用，人们拿到钱以后更愿意投在股市而非流动性低、不易抽身的实业上。如果过度使用货币政策，股市也容易出现泡沫膨胀并在泡沫最终爆破时导致严重危机。在货币政策的执行上，还要注意把提供必要的流动性和去杠杆结合起来。

所以两个主要的宏观经济政策，即扩张性的货币政策和财政政策，主要是要用扩张性的财政政策。目前我国预算赤字离公认的警戒线还有一些距离，增加赤字还有一定的空间。怎样增加扩张性的财政政策力度呢？所谓扩张性的财政政策，说白了就是增加赤字。有两个办法，一个是增加支出，一个是减少收入。在我们当前的情况下，应该更多地采用普惠性的减税。现在我们碰到一个极大的问题，就是我们的企业家对未来没有信心，缺乏投资积极性。为了要改善营商环境，政府降低税收将有利于提高企业家的积极性。

五、改革的四大阻力

十八届三中全会做出全面深化改革的决定，十八届四中全会做出依法治国的决定。对于党的“十八大”的决定大家都很兴奋，但是一定要考虑到，不是做出一个好的决定，躺在那里就可以实现的，因为障碍和阻力还非常强大。

贯彻十八届三中全会决定存在着四大阻力：

一是意识形态障碍。苏联式的意识形态在我们这一代人身上还是非常强烈的，这是一个沉重的包袱。下一代是不是好一些呢？不见得。它有一个很大的问题，是思维方式的惯性还在继续。我们的教科书、各种论证材料，对这种苏联式的意识形态没有经过彻底地清理，所以它还是有力量的。有些人依然可以打着这个旗帜来反对改革。

二是既得利益阻力。因为改革得不彻底，所以就有很多腐败的机会，利用旧体制的遗产发财致富，这个力量在三十年中积累得很强大了，不可小视。

三是不利的经济环境。我们过去已经得出这样的经验，推进改革要有一个良好的环境。

四是很高的技术难度。我们要建立一个统一竞争、开放有序的市场体系，这在技术上、专业上的要求非常高。

总而言之，改革的障碍和阻力还很大。中央的态度是，需要有以极大的政治勇气和智慧来克服阻力和障碍，切实推进改革，这就需要我们所有的人共同来参与。

六、“十三五”强调创新和提高发展质量

“十三五”在总的方向要求加强创新和提高发展质量的力度，五中全会《公报》指出，要坚持发展是第一要务，以提高发展质量和效益为中心。所谓发展质量就是说主要不是靠增加资本投入，而主要靠提高效率，加快形成引领经济发展新常态的体制、机制和发展方式。我们要加快建设能够激励创新创业的体制机制，我们要动员但是不能光靠动员，而要靠体制机制。怎么能够建设这样的体制机制呢？归根结底要靠改革。

《公报》特别强调了提高效率，又特别突出了创新。《公报》有一个很重要的发展，就是提出了“创新、协调、绿色、开放、共享”五项发展理念。在这五项发展理念中，把创新提到首位。文件指出“必须把创新摆在国家发展全局的核心位置”，“让创新在全社会蔚然成风”。要做到这一点，就是要加快建设能够激励创新和创业的体制机制。在简政放权、金融改革、财政体系完善、国有经济改革、自贸区实验、教育体制改革、法治建设等方面都需要我们群策群力、共同推进。

总之一句话，能否把十八届三中、四中、五中全会所要求的改革落到实处，是我们成败的关键，希望我们今后继续共同努力，使得党中央的决定能够得到切实贯彻。

“十三五”经济的基本态势、机遇与挑战

北京大学国家发展研究院名誉院长　林毅夫

2015 年 10 月，十八届五中全会通过了“十三五”规划的建议，海内外高度关注，其中一个主要的关注点，则是“十三五”规划期间，我国经济发展的速度到底会怎么样。

从国内角度看，对于速度的关心，是因为十八大提出的“两个翻一番”：到 2020 年的时候，国内生产总值要在 2010 年的基础上翻一番，城乡居民收入水平也要在 2010 年的基础上翻一番。

一般说来，10 年国内生产总值要翻一番，每年的增长速度要达到 7.2%，但是因为 2011 年到 2014 年国内生产总值增速都超过了 7.2%，如果今年的增长速度是 7.0%，那么从 2016 年到 2020 年平均每年增长速度就要达到 6.5%，国内生产总值就能在 2010 年的基础上翻一番。但是增长目标还有一个：城乡居民收入翻一番，也就是平均

的国民收入也要翻一番。现在我国人口增长速度每年为 0.5%，如果国内生产总值的增速是 6.5%，那么要实现城乡居民收入也翻一番的话，就必须在收入分配当中，更多地往劳动者倾斜。另外一种方式是，国内生产总值平均每年增长 6.5%的基础之上，再加上一个人口增长速度，也就是 7.0% 的增长，哪一种方式更好？两种方式都可以达到十八大的目标，但考虑到当前经济形势，平均每年经济增长速度在 7.0%以上，企业的盈利状况就有很大的压力，如果从 7.0%往 6.5%下滑同时收入分配还要更多地往劳动者倾斜的话，那么更多企业的盈利水平则会受到相当大的挑战，比较好的方式还是在“十三五”规划期间，国内生产总值的增长速度最低尽量达到 6.5%，往 7.0%去靠近。

如果说经济增长速度能达到 7.0%的话，还有一个好处。在 2010 年，我国人均 GDP 是 4400 美元，翻一番是 8800 美元，如果在这个基础上升值 43% 的话，到 2020 年我国平均人均 GDP 就可达到 12615 美元——这是一个很重要的指标，因为根据世界银行、国际货币基金组织、联合国的指标体系，人均 GDP 达到 12615 美元就算高收入的经济体了，这将是中华民族伟大复兴的重要里程碑。

目前人民币汇率已比 2010 年时升值了将近 40%，也就是说，在未来五年当中，如果人民币能再升值 5% 左右的话，在 7% 增长目标实现的状况下，到 2020 年，我国就应该有条件进入高收入国家行列。

国外对中国的经济的增长速度也非常关注，主要因为近 10 余年我国每年对世界经济增长的贡献率达到 30% 甚至更多。世界经济从

2008 年到现在还没有完全复苏，经济增长还很疲软。中国经济可以说是世界上经济增长主要的动力来源，如果中国经济增长速度也放缓了，世界经济下滑的压力会更大，所以大家非常关注中国的经济增长。这种对中国经济增长的各种关心和预测，也反映在国际大宗商品市场的价格波动上。

国内外很多人比较悲观，认为 6.5％以上的速度要实现，有相当大的挑战，那么这种悲观论调，通常是认为从 2010 年以来的经济增速下滑，是国内体制、机制、增长方式有问题造成的，即由内因造成的。一般国内国外经验显示，如果是内因造成，通常改起来不容易。

我个人的看法是，中国作为一个发展中国家、转型中国家，国内经济当中确实有不少需要改革体制、机制，需要按照十八届三中全会“全面深化改革”所讨论的内涵继续深化，不能忽视、必须面对。但 2010 年以后经济增长速度的下滑，更多是外部性、周期性的。

因为同样发展成熟的其他新兴市场经济体，比如巴西，2010 年 GDP 增长速度是 7.5％，2014 年只有 0.4％，下滑的幅度比我国大。另一个同样是新兴市场经济体并且也是 10 亿人口以上的大国印度，2010 年增速是 10.3％，中国当年是 10.6％，基本在同一个水平；印度 2014 年的增速，根据世界银行、联合国的统计指标，是 7.4％，与中国 7.3％的增速也基本相当，但因为在 2012 年时印度增速是 5%，中国是 7.7%，印度下滑厉害得多，因此有一个触底反弹的因素；此外，印度还在 2012 年改变了统计方法，这个改变让它的国内生产总值增长率增加了 2 个百分点，实际 2014 年增速也就在6%左右，比中国的7.3%要低。所以说，印度同样是10亿人口的大国，从2010年后经济增速也是下滑的，下滑速度比中国还快。总不能说中国的体制机制问题，造成巴西、印度的经济增长速度也跟着下滑吧？所以2010年以后的经济增长速度下滑主要的原因，不是中国自己的体制机制所能说明的。

一些高收入、高表现但出口比重比较大的经济体，体制机制、增长方式的问题按理说是少的，但有数字可以证明，他们实际上在同一个时间段经济增长速度下滑，而且下滑幅度更大。韩国是一个高收入经济体，2010年国内生产总值的增速是6.5%，2014年只有3.3%，跌了一半。中国台湾2010年增速10.8%，2014年只有3.5%，下滑了2/3。而新加坡现在人均收入近6万美元，比美国收入水平还高，2010年增长速度15.2%，2014年只有2.9%，下滑的幅度更大。

这些高收入经济体，体制、机制、增长模式是没有多少问题的，但在同样的时间段内，经济增长速度也一起下滑，并且下滑的幅度都比国内大，所以从国际间比较可以很清楚地说明。

2010年后国内经济增长速度下滑，最主要的原因是外部性的，是周期性的。这些分析对“十三五”期间经济增长的判断，到底有什么借鉴？只有了解在前段时间经济增长下滑的原因是什么，才能找到好的办法来解决这些问题，对症才能下药。

“十三五”期间整个国际经济还会相对疲软，因为从2008年国际金融危机以后，发达国家到现在还没有真正进行一些必要的结构性改革，让它能够恢复到一个比较正常的增长。因此，在“十三五”期间，我国对外贸易增长情形不容乐观，过去经济增长靠对外出口拉动，在“十三五”期间基本不太可能成为主要动力。

“十三五”期间就必须更多的靠内需。内需有两块，一个是投资，一个是消费。那么投资和消费当中，哪一个比较重要？过去曾经有段时间，很多人说我国过去是投资拉动的，必须改成消费拉动的经济增长。我个人看法是，消费非常重要，是我国经济发展的目标，但要让消费拉动经济增长，而且是可持续的增长，前提是家庭的收入必须不断增加，否则靠消费来拉动增长，大家想想结果会如何？开始的时候，家庭靠储蓄来实现消费的增长，但储蓄用光之后，要继续拉动、促进消费的话，就要开始举债，过了一段时间，到了一定程度的时候，家庭就会破产——从个人看是家庭的破产，从整个社会看，肯定会出现金融经济危机。因此，不能忽视消费，但消费不断增长的前提是收入的不断增长，收入不断增长的前提，是劳动生产率水平的不断提高，怎么提高劳动生产率水平呢？必须是技术不断创新、产业不断升级。

那么，技术要不断创新、产业不断升级，就必须靠投资。然而生产的东西很多，要卖出去，有交易成本。因此在经济发展过程中，除了劳动力水平不断提高，也必须让交易成本不断下降。要怎样降低交易成本？这就决定于基础设施、交通、运输等状况，而基础设施的改善同样需要投资。

在这种状况下，讨论的重点是，在“十三五”期间有没有好的、有效的投资机会？如果有，这样的投资就会改善现在总的供给侧，改善供给侧以后，收入水平不断提高，而且产业结构不断调整，这种状况下消费也会不断提高，投入与消费都提高的话，经济就能够正常增长。仔细分析，我国还有很多很好的投资机会，比如产业升级。

固然，我国现在有不少产业出现产能过剩——钢筋、水泥、平板玻璃的产能过剩是事实，但这些都是中低端，可以从中低端往中高端升级。实际上，比如2014年，我国进口的制造业产品就到1.3万亿美元，这些产品技术含量、附加价值比国内高——不能生产才会从国外进口。即使国内不少产业有产能过剩，但是也可以从供给侧上面，往那些附加价值更高的、国内短缺的产业去投资，这是非常好的机会。

基础设施也是同样的情形。过去，国内基础设施进行了不少投资，但是过去的投资主要是连接一个城市到另外一个城市的基础设施，包括高速公路、高速铁路、机场、港口等等，但是城市内部的基础设施，像地下铁路、地下管网就非常欠缺，而这方面的投资可以缓解交通拥挤、提高经济效率、降低交易费用，是非常好的投资，机会非常多。

还有环保方面。这些年，经济发展非常快，环境污染的程度也恶化得非常快。当然，经济发展过程中，国内的环境会越来越好，那就必须采用新的节能减排的、清洁能源的技术，应用这种新技术需要投资，这些投资同样有很高的经济回报、社会回报。

再是城镇化。我国现在城镇人口占总人口的比重是54%。发达国家一般人口城镇化的比例达到80%以上，而我国在经济发展的过程中，还要不断地进行城镇化，估计在“十三五”期间，每年城镇化率的提高会在一个百分点左右。那么，农民要进城，必须住、必须有公共服务，这都需要投资。

所以我国作为一个发展中国家，即使现在有不少产业是产能过剩的，但实际上好的投资机会，即能够提高生产率水平、降低交易费用、改善生活质量的投资机会很多，这是我国作为发展中国家和发达国家最大的不同。

发达国家 2008 年以后出现危机，到现在六七年时间过去了，经济还是非常疲软，需要好的投资机会去启动经济、启动增长、创造就业，但发达国家的产业都已经在世界最前面，很难知道下一个新的、有获利能力的产业是什么，即使有也就一两个，如 3D 打印等等，不足以拉动整体经济增长。从基础设施来看，发达国家基础设施普遍已经完备，无非比较老旧。而老旧基础设施改造的回报，远低于短缺基础设施的投资。环保方面，发达国家环境相对也比较好，已经走过了污染的阶段，环保进一步完善的空间也非常小。城镇化方面，发达国家则已经完成了。所以，面对同样的经济下行压力，发达国家确实不容易找到有高经济回报、社会回报的投资，但是发展中国家这方面机会还非常多。

有好的投资机会，还必须有好的投资资源。这方面我国相比其他国家好多了，因为现在中央政府与地方政府加起来的负债率只占国内生产总值的 56%，而一般发达国家、发展中国家的负债率都超过 100%，所以我国利用积极财政政策的空间比其他国家大得多。不仅是政府可以用积极的财政政策来支持投资，我国民间储蓄还高达 GDP 的 50%，这在全世界属于最高水平，也就是说，可以用政府的投资来撬动民间的投资。此外，投资需要进口机器设备，需要外汇，而我国现在有 3.5 万亿美元的外汇，在全世界也属于最高水平。而其他发展中国家面临经济下行时，一样有好的投资机会，但可能政府的财政状况不好，或是民间储蓄太低、外汇储备不足，因而不能进行有效的投资。

如果把这些有利的机会结合起来，投资那些能够改善供给侧结构的、短缺的、附加价值高的、必须从国外进口的产业，而不是投资过剩产能的行业，就能改善产业结构，并且短期能创造需求、创造就业；有了就业，家庭收入就会增加，从而消费就会增加。把这些因素考虑进去，相信我国实现 6.5% 以上的经济增长完全有可能，并且有可能实现习近平总书记在 2015 年联合国大会上讲的，中国有条件、有能力在“十三五”规划期间保持 7.0% 的增长。

总结来说，这段时间大家对未来发展前景有很多关心，这些关心的原因是正常的，但是过去分析的时候经常把供给侧与需求侧对立起来，实际上从前面的分析看，供给侧与需求侧，完全可以统一来考虑，这也就是李克强总理最近讲的，在 2016 年与未来时间，可以在供给侧与需求侧同时发力。而且在需求侧的政策，只要是用来解决我国经济发展当中属于瓶颈的因素，不管是产业、基础设施还是环境等方面，这类投资短期是需求，长期可以提高我国生产力水平、降低交易费用，让我国的经济可以持续发展。

如果把这些条件都用好的话，那么“十三五”期间我国应该可以实现 6.5%以上的增长，而且很有可能实现每年平均 7% 的增长，这样的增长目标实现了，十八大提出的“两个翻一番”的目标也能实现。并且，现在人民币与 2010 年比已经升值了将近 40%，如果我国每年有 6.5% 以上增长而发达国家只有 3% 的增长，就代表我国劳动生产率每年的增长速度，比发达国家高 4 个百分点以上，人民币会进入持续性的升值，因此在未来五年，再升值 5 个百分点左右完全有可能。如果能够实现预期的话，2020 年我国人均 GDP 按照当时的汇率来计算，应该可以达到 12615 美元以上，也就是说，可以进入到高收入国家的行列，这将是中华民族伟大复兴很重要的一个里程碑。

并且 6.5%以上的增长，虽然比 9.7%增长下调了将近 30%，但是我国 GDP 占全世界的比重，去年是 14%，未来可能还会增加，即使是 6.5%的增长，我国每年对世界经济增长的贡献，仍会维持在 30% 甚至更高，依旧是世界经济增长的主要动力。

"十三五"以结构性改革推动转型升级

中国（海南）改革发展研究院院长　迟福林

我国经济进入工业化中后期，无论是增长的趋势、结构，还是动力均呈现出与以往不同的新变化，增长、转型、改革高度融合的特点突出。这需要从经济转型升级的趋势出发，谋划好、把握好经济增长的路径选择，以转型改革释放巨大的内需潜力，实现经济转型升级的实质性破题和经济的可持续增长。

"十三五"经济转型升级的基本趋势

"十三五"是我国现代化进程中的关键五年，历史性转型的特点十分突出。"十三五"头一两年，经济下行压力与结构调整去产能化的矛盾困难将会有所增大。如果能抓住机遇，加快转型升级，不仅能缓解或者化解矛盾，更重要的是通过转型升级引领经济结构上一个新台阶，为全面建成小康社会的新目标奠定坚实基础。

基本形成以服务业为主体的产业结构

“十三五”我国服务业发展空间巨大。与印度、俄罗斯等金砖国家相比，我国服务业占 GDP 的比重要低 10 个百分点；与发达国家相比，低 20 个百分点以上；与进入工业化中后期的实际需求相比，至少相差 5 个百分点以上。在这个起点上，“十三五”服务业将呈现较快的发展势头，有望至少年均增长 1.2～1.5 个百分点。

服务业不仅速度在增长，而且结构也在发生重要变化。从规模看，“十三五”服务业增加值占 GDP 的比重将明显提升，到 2020 年我国服务业占比将由现在的 52% 左右提升到 58% 左右，有可能接近 60%，由此我国将基本形成以服务业为主体的产业结构；从结构看，与制造业转型升级相适应，以研发、金融、物流等为重点的生产性服务业占 GDP 的比重将从现在的 15% 左右提升至 2020 年的 30% 左右。

以服务业发展推动制造业转型升级。应当看到，以服务业为主体是新阶段实现制造业强国的战略选择。第一，我国的制造业大而不强，制造业人均产值只等于发达国家的 1/3，主要原因在于以研发为重点的生产性服务业比重严重偏低。第二，从发展趋势看，制造业转型升级主要依靠以研发为重点的生产性服务业，这是个基本规律。第三，形成以现代服务业为主体的产业结构不是不要工业，恰恰是工业转型升级的客观需求。

以服务业为主体的产业结构将引领经济新常态。有数据显示，2008 年 GDP 每增长 1 个百分点，新增就业能达到 70 万～80 万人左右；而 2013 年 GDP 每增长 1 个百分点，新增就业能达到 150 万人左右。也就是说，就业问题既和速度相关联，也和产业结构相关联，以服务业为主体的产业结构将是解决我国就业问题的主要载体。

基本形成户籍人口城镇化的新格局

推进规模城镇化向人口城镇化转型。释放新需求、创造新供给的一个重要载体是人口城镇化。按照十八届五中全会加快提高“十三五”户籍人口城镇化率的要求，深化户籍制度改革、加快推动城乡基本公共服务均等化，“十三五”户籍人口城镇化有可能每年以不低 2 个百分点的速度提升。估计到 2020 年，我国规模城镇化率将有可能超过 60%，户籍人口城镇化率将由 2014 年的 36.6% 提高到 50% 左右。其中，关键是“让农民工成为历史”。

户籍制度改革要有新思路。十八届五中全会建议中有两个提法特别重要：一是深化户籍制度改革；二是实施居住证制度。深化户籍制度改革要推进三方面重要转变：第一，由对人口的控制向对人口的服务与管理转变。第二，由城乡两元户籍制度向居住证制度的转变。实施居住证制度，就是不再分城市和农村户籍。第三，人口管理将由治安部门的管理向人口服务部门的管理转变。

基本形成消费主导的经济增长新格局

“十三五”我国将实现由物质型消费为主向服务型消费为主的转变。目前，我国城镇居民用于物质型消费的比重为 60%，估计服务型消费支出的比重将由现在的 40 个百分点增长到 2020 年的 50 个百分点，甚至会超过 50%，一些发达地区将达到 60% 以上。有机构预测，到 2020 年我国健康服务型消费将高达 14 万亿～16 万亿人民币。健康服务业将成为“十三五”增长速度最快、发展潜力最大的产业之一。

“十三五”期间我国消费规模将呈现较快的增长趋势。据统计，2015 年 10 月份社会消费品零售总额增长 11%，高于 GDP 的 3～4 个百分点。估计“十三五”期间，我国社会消费品零售总额增长仍保持高于 GDP 2～3 个百分点的速度增长，平均将会达到 10% 左右，最低也能保持 8% 以上。

“十三五”时期消费对经济增长的贡献率将明显提升。2015 年前三季度，消费对经济增长的贡献率达到 58.4%，估计“十三五”期间，消费对经济增长的贡献率将保持在 60%～65% 的区间。消费将成为拉动经济增长的主要推动力。

消费结构变化为经济增长带来内生动力。经济学界有人认为消费只是生产的目的，不可能成为拉动增长的动力。应当看到，消费确实是生产的目的，但是现实生活中消费的确已经成为拉动经济增长的动力。以吃饭为例，随着温饱问题的基本解决，人们开始吃营养、吃特色、吃环境，由此为经济发展提供新的动力来源，并引发经济结构服务化的重大变化。

基本形成以服务贸易为重点的对外开放新格局

经济转型升级对服务贸易依赖性明显增强。以服务贸易为重点的新一轮全球化方兴未艾。“十三五”如果能在以服务贸易为重点的双向市场开放有所突破，不仅关系到国内经济结构升级，还关系到我国在新一轮全球自由贸易进程中扮演的重要角色。

以服务贸易为重点加快国内自贸区建设。目前，国内 4 个自贸区在实施负面清单管理中取得了明显成效。在新一轮全球化过程中，自贸区的使命是以服务贸易开放为重要目标。例如，4 个自贸区共用的 122 项负面清单中，有 80 余项针对服务业。在新一轮全球自由贸易进程中适应国内经济转型升级的需求，需要国内 4 个自贸区在服务贸易上实现重大突破，为全国提供可复制、可推广的重要实践经验。

以服务贸易为重点推进双边、多边、区域性、全球性自由贸易进程。适应快速上升的全球服务贸易需求，有序推进服务业市场双向开放，打破发达国家服务贸易出口管制，成为扩大服务贸易、加快自由贸易进程的重大任务。第一，把提高服务贸易比重作为“十三五”对外开放的重大任务。制定“十三五”服务贸易发展目标，使其总额增长到 1 万亿美元，占外贸比重提高到 20%。第二，把加快服务业开放作为双边、多边自由贸易的重点，加快与“一带一路”沿线国家或地区商建自由贸易区网络，扩大双边和区域服务贸易协定，打破对我国的服务贸易壁垒。第三，大力发展服务外包，推动服务业企业“走出去”。第四，推动中国与欧盟自贸区的可行性研究，争取“十三五”前两年中欧双边自贸区建设实现新突破。

“十三五”结构性改革的重点任务

最近，供给侧结构性改革成为各方热议的话题。从实践看，我国向以服务业为主体的经济结构转型升级面临着一系列政策性、体制性的结构性矛盾，有需求端的问题，更有供给侧的问题。比如电讯领域，由于全球市场的开放，我国电讯业这些年年均增长都在20% 以上。从另一个侧面来看，我国有需求无供给的矛盾比较突出。以老年人消费为例，我国开始进入老龄化社会，老年人的养老消费至少有 1 万亿元的潜在需求，但年实际消费大约只有 2000 亿元，供给侧的结构性矛盾问题相当突出。这就需要解决政策性、体制性的结构性矛盾，使得供给和消费需求相适应，实现供给和需求的动态平衡。

结构性改革的首要任务是服务业市场的开放

有效供给不足的突出瓶颈是服务业市场开放严重滞后。随着服务型消费需求的全面快速增长，服务业市场开放滞后的矛盾凸显。当前服务业市场大致是“三低一高”：市场化程度低，50% 以上的服务部门都存在各种形式的行政或市场垄断现象；对外开放程度低，虽然自贸区在服务业扩大开放方面走在全国前列，但是对服务贸易的限制仍比较多；服务化程度低，如规模房地产发展的速度相当快，但服务性房地产的雏形尚未出现；价格高，例如 2014 年我国的宽带平均上网速度全球排在第 75 位，但平均 1 兆每秒的接入费用却是发达国家的 3～5 倍。

服务业市场的开放既是市场化改革的“重头戏”，又是释放改革红利的重要来源。“十三五”发挥市场在资源配置中的决定性作用，突出矛盾在服务业领域，这就需要尽快打破服务业市场的行政垄断与市场垄断，全面放开竞争性领域服务市场价格，以形成统一开放、公平竞争的市场体系。这就需要推进服务业准入的便利化改革，使社会资本成为现代服务业发展的主体。

服务业市场开放牵动影响“十三五”转型发展的全局。发展现代服务业行动的关键是尽快制定“十三五”服务业市场开放行动计划。要使消费对经济增长的贡献明显加大，需要通过服务业市场开放，扩大服务供给能力；要形成服务业为主体的产业结构，需要通过服务业市场开放，形成有效投资；要形成服务贸易为重点的开放型经济新格局，需要有序扩大服务业对外开放，并通过服务业市场的双向开放，加快双边、多边自由贸易进程。

服务业市场开放的重点任务。第一，放开服务业价格的管制。第二，打破服务业领域的行政垄断，通过市场竞争降低成本、提高效率、做大蛋糕。第三，服务业领域对社会资本全面开放。第四，加大政府购买公共服务的力度。

深化金融体制改革

当前，金融结构、金融体制与经济转型升级、实体经济发展、创新创业不相适应的矛盾越来越突出。第一，加快银行业的结构转型，与创新创业相适应，发展民间资本为主体的各类中小民营银行。第二，加快推出资本市场注册制，充分发挥资本市场支持实体经济的重大作用。第三，完善金融监管，推进金融监管从分业监管到混业监管的转型。第四，人民币加入 SDR 后，如何实现金融业双向开放将成为金融结构和金融体制改革的新课题。

深化财税体制改革

在实体经济下行压力增大的特定背景下，需要深化财税体制改革，建立健全有利于转变经济发展方式、形成全国统一市场、促进社会公平正义的现代财政制度。第一，增大基本公共服务支出，建立更加公平、更可持续的社会保障制度，不仅是全面建设小康社会的要求，也是释放新需求的重要条件。第二，加大对中小企业的减税力度，对服务业领域推行定向减税。第三，加快完成“营改增”，破题消费税改革，使消费税成为地方主体税种。第四，理顺中央与地方财税关系，比如国税、地税的合并是大势所趋，条件已经成熟，建议尽快启动。

推进教育结构改革

现代服务业发展与现有人力资源结构不匹配的矛盾比较突出。我国有一个数量型人口红利递减的问题，但也要看到，现在每年700多万的大学生就业问题已经成为就业市场的突出矛盾。教育结构对经济转型升级的人才供给、需求严重不相适应。为此，供给侧结构性改革需要把调整教育结构摆在突出位置。实现教育体制从考试型、封闭性、行政化向能力型、开放性、专业化的转变，成为结构性改革的重大任务。

以简政放权为重点的改革

激活市场、解放企业。解决好政府与企业的关系需要打通简政放权的“最后一公里”。第一，全面实施企业自主登记的实施条件已经成熟。第二，取消企业一般投资项目备案制。第三，不用或少用产业政策干预企业行为。第四，发挥企业家的作用，保护企业家，发挥企业家的积极性。

推进监管转型。第一，审批和监管相分离，改变以审批取代监管，谁审批、谁监管的传统模式。第二，实行统一监管，改变“九龙治水”与监管失灵。第三，放管结合需要加强市场监管，但不能以监管为名增加企业负担，这就需要加快推进监管体制由行政监管为主向法治化监管为主的转型。

把权力关进制度的笼子里。在全面实施负面清单管理的同时加强权力清单、责任清单，探索实行公共财政预算清单。

“十三五”时期需要什么样的供给侧改革

清华大学经济管理学院博士生导师　李稻葵

最近一段时期以来，供给侧改革多次被国家决策层提起。那么，什么是供给侧改革？中国经济为什么需要供给侧改革？“十三五”期间供给侧改革最有可能的几个发力点在何处？显然，这些问题值得仔细分析。

一、什么是供给侧改革？

供给侧改革是针对需求管理而提出的宏观经济学的政策概念，其产生于20世纪80年代之初，西方发达国家经历了二战后几十年的凯恩斯主义的宏观经济政策之后。

供给侧管理的概念批判了凯恩斯主义所提倡的总需求管理。凯恩斯主义的主张非常简单，那就是通过政府扩大财政赤字的方法扩大财政支出，刺激经济中的消费和投资，也就是说想方设法增加对企业产出的需求。这种凯恩斯主义的主张通常被称为总需求管理，所以有人并不夸张地讲，整个宏观经济学的起源是凯恩斯主义，就是总需求的管理，因为在凯恩斯主义提出之前，经济学的基本理念是供给和需求是匹配的，市场是自动均衡的，因此宏观只是微观的加总，没有必要专门研究宏观经济学。而凯恩斯认为，从单个企业来看极为理性的决策上升到整体经济层面却往往不合理，从整体层面上看，市场会出现产能过剩、需求不足的格局，因此有必要专门研究宏观经济学，而政府的一项重要政策和发力点就是想方设法解决有效需求不足的问题。

供给学派兴起于 20 世纪 80 年代的英美，其出发点是彻底批判凯恩斯主义。在经济学研究领域，供给学派是从理性预期学派开始的。他们认为，包括企业和消费者在内的微观经济体，会对政府的各种宏观政策作出理性的预期，并采取对冲措施，最终使得政府的总需求管理政策化为无效。这一论据最巧妙的构思，是哈佛大学罗伯特·巴罗教授（Robert Barro）所反复论述的“李嘉图等价”，那就是，当政府试图通过减税刺激家庭消费时，家庭的决策者会理性地判断这种措施会带来财政赤字，而财政赤字将会在自己未来的经济生涯中被政府的加税行为所弥补，或者由自己的子孙付出更多的税费来弥补，因为羊毛出在羊身上，因此，消费者会更加理性地减少今天的消费而增加储蓄，为政府未来加税提前做好准备。

在经济政策层面，英国的撒切尔夫人、美国的里根总统在竞选中起用了一大批保守经济学家，其中包括哈佛大学的马丁·菲尔斯坦教授（Martin Feldstein）以及当时从斯坦福大学博士毕业不久的年轻经济学家拉弗（Arthur Laffer）。他们极力主张政府应该减轻对市场的干预，且为企业松绑、减少税收，以增加有效供给，而经济由此自然会变得更加活跃。

当时，拉弗为了给那些不谙经济学理论的媒体记者解释自己的经济学思想，在一家餐厅的餐巾纸上随意画出了一条倒 U 形曲线。这条曲线说的是，当税率很低时，适当地提高税率会提高总税收；而当税负已经很高时，提高税率反而会导致偷税漏税，最终政府的总税收会下降，这就是著名的拉弗曲线。拉弗本人后来也成为里根总统经济政策顾问委员会委员。

综上所述，起源于英美的供给侧管理指的是设法降低企业税负，帮助企业更高效率地运行，以及投资者更有效地进入各种投资领域，减少生产领域的交易成本，以此提高总体经济效率和活力的一系列经济政策。

笔者在 2008 年就提出“滞胀风险呼唤以改革为核心的新供给学派”。这一文章的核心观点是，在 2008 年整体经济受到冲击的情况下，政府应该采取各种措施提升企业效率，来应对即将爆发的金融危机。七年之后重读该文，笔者仍然坚持其中观点，那就是中国经济仍然需要供给侧的改革，也就是需要中国特色的供给学派。

二、为什么中国经济需要供给侧改革?

其中根本的原因是：中国经济当前的核心问题仍然是发展的问题，而并不是短期的宏观调控问题。为什么这样讲？因为中国经济从整体上讲仍然有巨大的发展潜力，中国人均 GDP 仅为发达经济体美国的20%，中国存在着大量没有得到满足的基本需求，有大面积的经济不发达地区。以中部省份安徽和江西为例，这两省紧邻经济发达的江苏、浙江和福建，但人均GDP还不足这些发达地区的一半。而中国经济作为大国经济，不应该出现实质性的资本和劳动力要素跨省流动的困难，因此，安徽、江西等省份应该有巨大的增长潜力。

反观经济发达地区，它们与发达国家的差距仍然很大。以广东为例，部分地区已经实现从生产鞋帽到生产无人机、高铁零部件等产业升级的飞跃，其潜力也是巨大的。因此，当前，尤其是“十三五”期间，中国经济的根本任务是想方设法提升供给量。

我们也可以换一个角度来谈这个问题。虽然中国经济中存在过剩产能的问题，但更根本的问题是，我们的生产侧由于各种各样的原因并不能提供百姓需要的很多产品。这种例子比比皆是，比如说，中国每年有1亿人次出国旅游，每人在海外的平均购物金额是5000美元，很多人到邻国去抢购中国本可以生产的产品，这就证明很多消费者的需求没有得到国内供给的满足。比如说，中国的养老需求十分巨大，但目前缺乏高质量的、值得信赖的养老机构；中国消费者对于健康食品的需求也是巨大的，这就导致二胎政策刚刚放开，消费者已经在海外疯狂购买奶粉。再比如说，中国百姓当前对于公共交通和环境治理的需求达到了一个新的水平，但是由于各种政策的缺位，主要城市的公共交通仍然非常拥挤，北京的地铁一号线目前在高峰时期拥挤不堪，乘客往往需要等待2～3班车才能挤上地铁。

凡此种种都表明，中国经济当前仍然面临着一个潜在的供给短缺的局面，虽然公开的短缺已经不存在了。这需要我们在供给侧下工夫，需要一批企业能够尽快地进入相关领域，为社会提供相关的产品。

三、中国需要什么样的供给侧改革？

中国需要什么样的供给侧改革？“十三五”期间供给侧的改革任务可谓相当繁多，这也是经济增长的潜力所在。从大的方向来讲，需要进行三类供给侧改革。

第一类，加快生产侧的新陈代谢，淘汰落后产能，促进新产能的进入。以钢铁行业为例，这一行业虽然有十万亿的生产能力，产能严重过剩，但我们的产能却是低端的、黑色的、污染的，亟须政府采取积极措施包括补贴政策，加快淘汰一批高污染、高能耗的产能，尤其是北京附近的一些产能，东北包括鞍山一带的部分产能也应该逐步淘汰。

通过淘汰这部分产能，将使得钢铁的价格有所回升；此后，政府通过一定的鼓励政策，可以使沿海地区建立一批现代化的、主要依靠从国外进口铁矿石和煤的新型钢铁产能，这就保证了生产是干净的、清洁的。当前，国际市场的煤和铁矿石价格往往比国内低一半，如果能够更好地利用国际市场，钢铁行业的利润也可大幅提升。将钢铁等重化工业布局在沿海一带，也使得中国能够更好地实施一带一路等发展战略，当未来印度等国家经济起飞之时，由于其基础设施建设和工业化能力远远不足，我们这些现代化钢铁厂正好可以把大量的产品销售到这些地区。如此，中国一大批城市将重现蓝天白云，因为城市空气最大的污染源就是周边的重化工业；同时，也能让一大批事故频发的煤矿和铁矿得以关闭。

为什么要关闭一批煤矿和铁矿？这是因为中国经济经过了30多年的高速发展，劳动力成本已经不断上升，社会对劳动者的尊重和对生命的珍惜程度日益提高，而国内的矿山往往生产成本极高、需要极大的劳动力代价，中国的经济结构调整本身也要求我们的矿业进行调整。

第二类供给侧改革的发力点是，想方设法为百姓提供一大批到目前为止尚且短缺的基本产品和服务，这其中一大部分是公共产品。比如，公共交通和城市的基本设施服务现在仍然不足，即便是建成的地铁、地下设施也远远不能满足百姓的基本需要。在这方面，政府必须担当起不可推卸的责任。公共产品主要靠政府提供，这一点必须高度明确。笔者在不同的场合反复呼吁，应该通过降低融资成本的方式来为这些公共产品的提供创造条件。具体说来，应该在中国建立若干个公共基础设施投资基金，其功能类似于世界银行，一方面由政府担保发行相关的债券，另一方面基于社会效益精心选择公共产品。中国政府担保的主权债务目前在国际上极受欢迎，这也是人民币国际化最重要的战略举措之一。

在养老、教育、医疗卫生等方面，社会的需求日益高涨，政府也应该想方设法，放宽准入，提供相应的优惠条件，帮助潜在投资者尽快进入这些领域。同时，近期物业管理也成为一批新兴企业重要的投资方向。相关的投资不仅能够带来新的增长点，也能切实带来百姓生活质量的提高。

第三类供给侧改革的发力点是，一定要想方设法利用好新型技术，尤其是互联网技术，由此改善相关产业的业态。互联网带来的不仅是新技术，更重要的是一种新的生产关系。在互联网领域，通过让交易双方直接对接，能够带动参与者的迅速甚至指数型上涨。以城市出行为例，有了互联网工具，交易双方能够很快达成协议，乘客也可以很方便地获知司机过去有没有出现过投诉事件、是否安全等信息，而不需要出租车公司等机构设立投诉机制。这种互联网机制实际上形成了一个巨大的类似“人民战争”的网络，使得传统上难以改变的旧管理模式受到了前所未有的冲击。政府应该拥抱这种新的互联网技术，以此为推动力来改造相关领域。出租车行业如果能够改善，就能够带来更多的就业、更多的百姓出行便利，促进经济的发展。与此类似的是互联网金融和其他互联网服务领域，政府应该抱持试验和开放的心态加以引导，帮助市场逐步形成和完善。

总之，加快供给侧的改革，“十三五”期间中国经济将出现一批新增长点，中高速经济增长将重返中国。

第二章

经济大变局，读懂中国式“供给侧改革”

供给侧改革不应照搬西方理论

北京大学国家发展研究院名誉院长　林毅夫

对当前国内经济的形势怎么看，怎么理解中央经济工作会议刚刚提出的2016年的工作重点，在此我谈谈我个人对这些问题的看法。

当然这些问题也是我们这一年多以来经常讨论的问题，所以我的看法有很多不是新看法，利用这个机会再次阐述一下我对这些问题的思考，以及从这些思考中如何理解中央现在政策的总体框架。

对于中央经济工作会议我想总的调子大家很清楚，有五个方面的工作。总结一点可以这么说，是在适度扩大总需求的同时，着力加强供给侧的结构性改革。

多国比较，中国经济下滑是外部性的、周期性的

怎么来理解这样一个总的政策方向？我想首先必须了解当前我们经济面临的最大挑战是什么。

当前，我们经济面临的最大挑战是从2010年以后，我们的经济增长速度一直在下滑。这是改革开放以后第一次出现这么长时间的经济增长速度下滑：从2010年的两位数字，10.6%的增长速度，一直下滑到今年第三季度的6.9%，而且继续下滑的压力还挺大。

中国人讲对症下药才能病除，所以对2010年到现在6年的经济增速下滑的原因是什么，必须判断清楚。国内普遍的看法（国际上也有很多人持这种看法）认为，中国持续这么长时间的经济增速下滑，是中国自己经济体制机制的问题，增长方式的问题所造成的，以及2008年国际金融经济危机以后，我们所采取的4万亿的反周期措施所造成的。

我个人的看法是，我们作为一个发展中国家、转型中国家，肯定有很多体制机制、发展模式的问题需要解决，这点我们必须承认。2008年的4万亿，由于它是一个突发的危机，在政策推行的时候肯定也有不少疏忽的地方和可以改进的地方。但是我个人在这里再次强调，我认为从2010年以后的经济增长速度下滑更多是外部性的，更多是周期性的。

从各国经济增幅比较看，中国经济放缓更多是外部性和周期性的，中国走势相对较稳。这个观点并不难证明，因为我们可以比较在同一个时期跟我们发展程度相当的国家的总体经济表现，我

们2010年是10.6%，2014年的增长速度是7.3%。跟我们同样发展速度的巴西，2010年的增长速度是7.5%，2014年的增长速度只有0.1%，跟我们一样是下滑的，下滑的幅度比我们还大。

同样，跟我们发展相当的金砖国家之一、人口超过10亿的印度，2010年是10.3%，2014年是7.4%，似乎比我们7.3%还高0.1个百分点，但是我个人认为印度实际的增长速度应该比我们低。

有两个原因：第一个是2012年的时候，印度的增长速度只有5.1%，我们是7.7%。也就是印度从2010年的10.3%下滑到2012年5.1%的时候，下滑比我们猛，印度是先触底又反弹了。

第二个是2014年印度改变了经济增长速度的核算方法，让印度当年的增长速度增加了将近2个百分点，把那2个百分点去掉，他们达不到6%，所以同样是下滑，印度经济增速下滑的速度比我们猛。

横向比较之后，可以发现，不能说是我们的体制机制和增长方式的问题，造成我国经济增速下滑，而且把跟我们发展程度相当的国家也往下拉。事实上，是全球经济在金融危机之后都在放缓，而且我们提到的这些新兴经济体下滑得还比我们更厉害。

我们也可以看同一个时期一些高收入，而且表现一向比较好、出口比重比较大的经济体。比如说韩国2010年的增长速度是6.5%，2014年的增长速度只有3.3%。台湾地区2010年的增长速度是10.8%，2014年的增长速度是3.5%。新加坡2010年的增长速度15.2%，2014年的增长速度只有2.9%。

这些都是所谓高收入、表现好的经济体。照理说他们的体制机制，增长模式应该没多大的问题。但是在同一个时期，这些国家和地区的经济增长速度都跟我们一样下滑，而且下滑的幅度比我们还大。

从这些国际上面的比较来看，不难证明从2010年以后的增长速度更多的是外部性、周期性的因素造成的，这是我的第一个看法。

有的供给侧改革会抑制消费、抑制投资，推行时间点要掌握好

作为一个发展中国家、转型中国家，我们的体制机制问题不能回避，在我们经济工作当中，确实要坚定信心，推动各种改革。但是，当外部性、周期性的因素是增长速度下滑的主要原因的时候，在推动一些必要的体制机制结构性改革的同时，也一定要推行一定的稳增长、反周期措施。

因为，如果没有稳增长、反周期措施，经济增长速度下滑得太厉害，可能会造成就业问题，也可能会造成银行呆坏账急剧增加的问题。如果就业问题出现，可能会影响社会稳定；如果银行呆坏账急剧增加可能产生系统性金融问题，影响到整个金融安全。

当这些问题发生的时候，其实是不利于我们推动应该有的体制性、机制性或结构性的改革的。因为当危机发生的时候，政府采取的很多应急措施可能会跟我们所需要的改革是不一致的。所以，在当前状况之下，中央经济工作会议对2016年经济工作定的总调子是，在适度扩大总需求的同时，再去加强供给侧的结构性改革。这句话一定要了解。

所以扩大总需求的稳增长、反周期的措施是需要的，并且在推动结构性改革的时候，也要对结构性改革的各种措施进行梳理分清轻重缓急。

供给侧的结构性改革长期来看肯定是好的，需要考虑的是在短期推行时，有些供给侧改革可能会抑制消费需求，也可能会抑制投资需求，因此要有轻重缓急，要审时度势。对那些短期能增加消费需求或投资需求的改革措施，应该优先推行。对那些短期可能是抑制消费的，或者是抑制投资需求的改革措施，就需要审时度势。并不是说不应该推行，但是推行的时间点要掌握好。

扩大总需求必须以投资为主，有效的投资是补短板

在稳增长，适度扩大总需求的措施当中，到底是应该以消费为主还是应该侧重在投资方面，前段时间国内有很多的争论。

过去有一种看法，就是把我国过去的增长方式称为是投资拉动的经济增长方式，并认为这种增长方式是不可持续的。也有不少学者把我们当前的经济困难归结为 2008 年的 4 万亿的后遗症，认为以投资作为反周期的措施是不可行的。

这两种观点汇总起来，就是说中国应该改变以投资拉动经济增长的方式为消费拉动的经济增长方式。

我想说，消费很重要，消费是我们经济发展的目标，但是消费要能持续拉动经济增长，收入必须要不断的增长。但收入怎么样才能不断增长呢？劳动生产力水平要不断提高。如果说我们为了刺激

消费，用国民收入分配的方式，或是用减税的方式都只是一次性的增加收入，不能持续的提高收入增长。

要持续提高收入必须提高劳动生产力水平，或者降低交易费用。提高劳动生产力水平的前提是技术不断创新、产业不断升级。生产力水平提高了以后产的东西多了，附加价值也提高了。但是在经济活动的过程当中，能够实现多少价值取决于交易费用的多少。打个比喻，某个工厂的产品是冰块，这个冰块能实现多少价值，取决于消费者来买时还剩多少？所以要减少交易费用。

提高劳动力水平的技术创新、产业升级需要投资，减低交易费用的基础设施的完善也是需要投资，所以政府扩张需求的措施当中，应该还是必须以投资为主。当然这个投资是必须能提高劳动生产力水平，或者是能降低交易费用的投资。

国内学界、舆论界有相当长的时间，一提到投资就将其等同于过剩产能，不是说投资不会造成过剩产能，如果在已经产能过剩部门增加投资，那当然会加重过剩产能。但是如果投资在我们的短缺部门，这是在补短板（这也是我们明年的五大任务之一），为了补短板的投资是不会加重过剩产能的。

具体来讲补短板的投资，比如仅制造业产品进口方面，2014年我们就进口了1.3万亿美元的工业制品，这些产品正是我们国内不能生产，或者生产较少，附加价值比较高，技术含量比较高的产品。

如果在这些领域进行产业升级、进行技术方面的投资，是在补我们的短板的，这样的投资不会造成产能过剩。而且会在国内形成有效的生产能力以后，增加我们的出口的。

大家也知道去年我们到国外旅游购物的花费大约有 1000 亿美元，那也是我们国内自己不能生产，或者质量比较差。如果国内生产质量提高了，也是增加了我们的供给，并不会造成我们的产能过剩，只是减少了国外购买的量而已。

基础设施也是一样的，比如说北京和许多城市，地下管网还是短缺的。还有我们正处在城镇化过程中，城镇化其实也是一个短板，我们现在的城镇化率只有 54%，发达国家普遍是达到 80% 以上的。如果在城镇化领域进行投资，人口的集中，规模经济的不断形成，那是可以提高效率的。这方面的投资也是不会加重产能过剩的。

我们现在过剩产能部门主要在什么地方？大部分是在建筑行业，钢筋水泥、平板玻璃、电解铝等等。这些建筑行业产能过剩的原因很清楚，过去我们平均每年的 GDP 增长率是 9.7%，现在降到 7% 左右，必然有 30% 的产能过剩会出来。

但是这个过剩产能有多少，又决定于我们下一步的投资有多少。如果我们投资多了，那些建筑领域的过剩产能就少了；我们要是投资减少了，这类建筑领域的过剩产能就多，我想这是必然的。

所以认为投资会增加过剩产能的观点是不妥当的，恰恰相反，只要这个投资是用来补短板，提高我们的劳动生产力的，满足我们国内现在自己不能生产的产品需求，或者是降低交易费用的，补足我们基础设施瓶颈的，这种投资不仅不会造成过剩产能，而且是可以减少我们国内现有的过剩产能的。

投资没有挤压消费，相反投资跟消费正相关

反对以投资来拉动经济增长的观点当中，有一种说法是，投资会挤占消费。持这种观点的人是没有放在动态的角度来看，如果投资是提高生产能力的，或者是降低交易费用，这样的投资不仅不会挤占消费，而且可以提高家庭收入，提高家庭消费水平的。我这里面可以拿一些具体的数字来说。

从 1979 年到 2014 年，我们平均每年的消费增长率是 8 个百分点，从 1982 年到 2014 年我们每年投资增长是 21.2%。

投资挤占消费这个说法被提出来的背景是，2003 年国际经济出现不均衡，尤其是 2008 年国际金融危机后，我们推行了 4 万亿的刺激政策，投资增量非常迅猛。于是很多人就说我们投资太多，出口太多造成国际不均衡以及国内的产能过剩，还批评说这个体系维持不下去了，因此为了自己国内的经济稳定，以及对国际经济的稳定，中国必须放弃高投资、高储蓄，必须改成以消费来拉动经济增长，这是 2003 年以来，尤其 2008 年以后盛行的看法。

但是，实际情况呢？前面谈到 1982 年到 2014 年我们平均每年的投资增长率是 21.2%，2009 年我们的投资增长是 30.3%，那是 4 万亿的结果。

2010 年和 2011 年的投资增长都是 23.8%，2012 年投资增长是 20.3%，2013 年的投资增长是 19.1%，2014 年的投资增长是 15.3%。2011 年以前的投资增长高于我们长期的平均增长，2012 年以后的投资增长低于我们长期的投资增长。

那么我们再看消费增长，2009 年的消费增长是 9.8%，高于我们长期的消费增长，因为长期消费增长是 8%。2010 年的消费增长是 9.6%，虽然 2010 年的投资增长 23.8% 高于长期的平均增长 21.2%，但是消费增长9.6%同样是高于长期的平均消费增长8%的。

2011 年我们的消费增长是 11%，这也是高于长期的平均增长，虽然 2011 年的投资增长 23.8% 也是高于长期平均增长。

反过来当我们的消费增长低于长期的平均增长，比如说 2013 年投资增长只有 19.1%，2014 年投资增长只有 15.2%，但是我们 2013 年的消费增长只有 7.3%，低于长期的平均增长，2014 年消费增长只有 7.2%，同样低于长期的平均增长。

从这样的角度来看，你会发现，反而是投资增长快的时候消费增长快，投资增长慢的时候消费增长慢。

一般老百姓关心的不是消费占 GDP 的比重是多少，一般老百姓关心的是消费的增长，今年的消费跟去年的消费比增长了多少，明年的消费跟今年比增长了多少。

为什么投资增长和消费增长的关系是这样呢？其实只要投资增长是有效的，有效的投资会创造价值，而且会提高劳动生产力水平，就业增加了，劳动生产力提高了，家庭的收入就能增长，家庭收入增长了消费就会增长。

反过来讲，如果没有投资，或者是投资下降，创造就业就少，对未来的就业和收入预期不好，而且劳动生产力的水平提高比较慢，这种情况下消费增长反而会变慢。背后的道理要讲清楚，不能简单的认为说投资就会挤占消费，必须要动态来看投资增长对现在和未来的就业和收入增长的影响。

政府对基础设施的投资不会挤占民间投资

如果说我们要扩大投资，投资有两块，一个是基础设施方面的投资，一个是产业方面的投资。产业方面的投资应该是企业为主。如果要通过政府投资来扩大总需求，政府投的应该更多的是在基础设施方面。

但是最近也有很多人反对政府支持基础设施的投资，主要有两个反对原因：一是政府在基础设施的投资上会挤占民间投资，二是政府投资基础设施的回报率低。

这些观点是否正确？

首先，有人说，政府对基础设施的投资挤占了民间的投资，这个观点忽视了政府推出积极财政政策的背景。2008 年政府 4 万亿的投资，究竟是因为民间的投资意愿低，政府为了适度扩大需求才去做基础设施投资呢？还是因为政府扩大了基础设施投资，造成 2008 年、2009 年年初民间不去投资？

这个答案很清楚，是因为民间的投资意愿非常低，当时国际经济一蹶不振，外贸出口减少一半，产能过剩非常厉害，大家对未来没信心，过剩产能不仅在出口加工部门，也出现在一些装备制造部门。那种情况下，为了稳增长政府才做基础设施投资的。

我们现在讲稳增长，适度扩大投资，也是因为民间投资的意愿不足，才搞基础设施投资的。其实是因为民间的投资意愿少，而且我们有那么多的储蓄，政府才去做基础设施投资，这是第一点。

第二点是基础设施的回报率低，以这个观点反对基础设施建设的学者有很详细的经验数据的统计。确实这段时间政府做了很多基础设施的投资，而且投资的回报率低，这是事实。但是，是不是政府投资回报率太低，我们就不要政府去做基础设施投资？

首先来讲为什么基础设施投资回报率比较低？我想有两个方面的因素。

因为基础设施投资是长期的，回收期可能是四五十年。一般民营经济的投资是在产业部门，产业部门一般十年以后就全部折旧光了，甚至有的还短于十年。当然折旧期短的回报率一定要高，才有足够收入来偿还投资。基础设施的折旧和回报期长，如果基础设施的投资回报率和产业部门的投资回报率一样，是会太高的。基础设施投资的回报三五个百分点就差不多了，而民间产业的回报率应该是 10% 以上。因为周期性不同，要求回报率不同。

第二，基础设施投资有许多外部性，比如说交通不拥堵，最大的受益者是企业和人民，但基础设施投资很难对外部性的收益直接收费。

如果经济直接回报比较小的，有外部性的这种基础设施投资，让民间去做会怎么样呢？因为长期的回报率低，而且有很多外部性，民间是没有积极性的，除非给他垄断地位，让民营资本可以靠垄断来将外部性收益内部化，收取垄断价格。

但如果基础设施让民间来垄断，从投资者来讲是合适的，但是从整个经济发展来讲是不合适的。

实际上，1980 年代，包括世界银行等很多国际机构都倡导，基础设施投资作为一项经济活动，应该由民间来投资。结果 80 年代以后，发现民间愿意投的基础设施只有一种，就是移动通信。

民间投资移动通信的积极性很高，有两方面的原因：第一，有垄断性质，规模经济太大了，所以形成了自然垄断；第二，容易收费。

除此之外，民间投资基础设施的意愿非常低，去年我们提出要通过 PPP 投资基础设施，但是最终落地的项目非常少，除非政府给民间资本垄断地位，但是这又不适合经济的发展。如果要由民间做，导致的结果就是跟其他的发展中国家一样，到处是基础设施的瓶颈，因为民间的投资意愿太低。

这种情况下，基础设施的投资，尤其是消除增长瓶颈的基础设施投资，必然要让政府来做。

政府投资基础设施的时间点：经济下行正当时

政府应该对基础设施的完善负起责任，什么时候做最好？这也是 2008 年国际金融经济危机爆发之后，2009 年我就开始倡导的：如果基础设施建设的责任是政府，最好的投资时间是经济下行的时候。因为这时候政府做基础设施投资，有创造需求，稳定增长，增加就业等方面的好处。

而且，在经济下行的时候做基础设施投资，成本也是最低的，因为各种原材料的成本、工资的成本都相对低。反过来讲，如果在经济发展非常好的状况下，去做基础设施投资，可能造成经济过热，各种原材料成本又上升了，这样基础设施的成本又高。在经济下行的时候成本最低，又能够稳增长。只要项目选择好，短期是创造需求的，长期是提高增长力，增加政府税收的，所以是一石双鸟。

从我 2009 年年初提出这个观点以来，国际上已经逐渐成为主流，2014 年 10 月国际货币基金组织《世界经济展望》提出的政策建议就是：在经济下行时是进行基础设施的最好时机。

供给侧改革不应照搬西方，要有自己的理论创新

我呼吁国内学界关注理论创新的重要性。国内学界、舆论界一般都是拿国外的理论来看我们的政策。比如说，大家讲过去中国的政策是需求侧的政策，是凯恩斯主义的政策。2015 年 11 月 10 号，中央提出要在适度扩大总需求的同时，着力加强供给侧的结构性改革。国内学界舆论界现在马上讲，我们抛弃凯恩斯主义了，我们现在是拥抱供给学派的政策。

中国过去的政策包括 4 万亿并不是凯恩斯主义

我觉得这两种看法都不正确。凯恩斯主义的措施是“挖个洞、补个洞”或发失业救济的短期提高需求的，但长期不增加劳动生产力，而供给学派的措施主要是降低税收来提高投资和增加供给的积极性。

供给学派的政策是在 1980 年代的时候美国里根总统执行的一

个政策主张，当时是新自由主义最盛行的时候，里根被认为是推动新自由主义的主要政府领导人，当时美国的供给学派是完全反对产业政策的，他们认为不应该针对某个产业去制订政策，应该用普遍降税的方式来提高投资的积极性。

但是，我们推行的积极财政政策就是凯恩斯主义的吗？实际上，我们过去或者是2008年以后（即使我们在推出4万亿的时候），我们所投资的基础设施也基本上是在改善交通基础设施，消除增长瓶颈的，那种财政政策确实是在短期提高了需求的，但长期来看降低了我们的交易费用，提高我们的竞争力的。

这一点在发达国家可能做不到，因为发达国家基础设施普遍是比较好的，既然基础设施比较完善了，政府再投资基础设施只能是把现有的基础设施挖开，然后再补上，这是不提高生产力的。但是我们的基础设施建设，是建新的，而且是消除增长的瓶颈，是提高生产力水平的。这不是传统的凯恩斯主义，而是超越凯恩斯主义，把需求和供给的增加结合起来的措施。

现在的供给侧政策也不是供应学派的政策

我们现在讲的着力加强供给侧的结构性改革，确实是因为我们有很多短板：我们也有很多税收过高的地方，要降低关税；也有一些过剩产能应该退出，这是供给侧的改革。

但是我们跟发达国家不一样，发达国家推行供给学派的政策时是反对产业政策的。我们现在推行的是宏观政策要稳，产业政策要准，我们还是要有产业政策的，这跟过去是完全不一样的。

所以，我们过去的政策既不是凯恩斯主义的政策，现在的政策也不是供应学派的政策。我们应该有自己的理论创新，结合我国的实际状况，分析清楚我国当前经济的实际问题和机会在什么地方，然后我们的政策该怎么做比较好。

任何一个国家确实都会遭遇到周期的冲击，在受到冲击的时候应该有反周期的措施。可是发达国家的反周期措施，很难跟促进增长的措施结合在一起的，而发展中国家是可以跟促进增长的措施结合在一起的。

发达国家和发展中国家面临国际冲击，或者是周期性下滑的时候，政府同样应该做些积极的稳增长的措施，比如主要在基础设施。我们的基础设施不是发达国家那样的“挖个洞，补个洞”，我们是消除增长瓶颈的基础设施投资，所以同时是需求侧的管理，同时也是供给侧的补短板的措施。

另外，发达国家产业政策不是没有，但是比较难做。因为发达国家的产业跟技术都是全世界最前沿的。再往前自己必须发明新的技术、新的产业。而我们发展中国家有相当多的产业升级属于补短板的产业。实际上发达国家这种产业已经有了，那政府应当因势利导这种短板的产业的发展，这时候我们政府所能用的信息、所能用的政策手段是比发达国家多的。

所以我们的产业政策在特性上跟发达国家不一样。我们可以根据短板产业的需要支持发展相关人力资本、金融、基础设施等等。这些都是属于影响产业发展方向的，都属于产业政策的内容。

这样的产业政策在发达国家很难做，或者做的机会非常少。我们有很多机会能做，不能因为发达国家推行供给学派的政策时，没有推行产业政策，我们也不推产业政策。

中央说宏观政策要稳，产业政策要准。发达国家的理论是根据发达国家的发展阶段、产业特性、生产特性提出的，他们的宏观政策、发展政策有他们的特性。

但是我们是发展中国家，我们不要用发达国家的理论来套我们当前的问题，或者是来理解我们当前的宏观政策。因为照这样理解很可能会给我们的政策造成很大的误解和社会压力。

比如说 2008 年的 4 万亿，我们有改进的空间，但是现在社会上很多人认为发达国家学界已经认为凯恩斯主义是错误的，已经被抛弃了，所以，我国也不应该采用凯恩斯主义的政策，可是我们做的并不完全是凯恩斯主义，而是超越凯恩斯主义的政策。

我们推行供给侧的结构性改革也不是推行供给学派的政策，而是要适度增加总需求的前提下来进行，并且要应用产业政策，而不是只有减税。过去积极财政政策的措施既增加短期的需求，也增加长期的供给；现在供给侧改革的许多措施能增加我国长期的供给，但也需要短期的投资才能实现。

所以，我国不管过去还是现在的宏观政策，一直是需求和供给结合在一起的，既不是发达国家的凯恩斯主义政策，也不是发达国家的供给学派的政策。实际上，我国理论界的认识是落在我国的政策实践之后的。

北大成立新结构经济学中心，倡导新结构经济学的主要目的，就是为了推动我国经济学界了解发展中国家跟发达国家的要素禀赋、产业、技术、结构的特性上的差异，找到在经济发展或者是宏观周期波动时的原因、挑战和机会在什么地方。

另外，了解转型中国家目前遗留下来的很多结构性的、机制性的、发展模式的问题的原因是什么，针对这些原因来与时俱进对症下药。

经过对上述一系列因果关系的了解，提出我们自己的理论框架，然后用这种理论框架给我们发展政策、宏观政策提供参考。理论的适用性决定于条件的相似性。中国这样一个发展中国家、转型中国家形成的自己的发展理论，不仅对我们有价值，对其他的发展中国家也有很多的参考借鉴价值。

为何今天中国要搞供给侧改革

原财政部财政科学研究所所长　贾　康

“供给侧”可算是2015中国经济年度热词。刚刚闭幕的中央经济工作会议指出，推进供给侧结构性改革，是适应和引领经济发展新常态的重大创新，是适应国际金融危机发生后综合国力竞争新形势的主动选择，是打造经济升级版的必然要求。很多人可能对“供给侧”了解并不多，为什么今天的中国经济要强调“供给侧”改革呢？

主流经济学存在一个共同失误

“供给侧”在经济学领域虽然并不是一个新鲜的词，但一直没有受到足够重视。我在2013年和同道者发起成立“华夏新供给经济学研究院”和“新供给经济学50人论坛”，对经济学界对“供给侧”的认知变化感触颇深。

在过去的需求管理理论中，掌握好投资、消费和进出口这“三驾马车”就认为可处理好经济运行的动力问题。金融危机冲击下，在一线承担决策责任的一些领袖人物发出这样的疑问：为什么没有经济学家稍微清晰一点地对我们做出预警？这个反思中，首先要看到已有经济学理论的不足，应比较直率地指出：主流经济学的认知框架其实是不对称的。

古典经济学、新古典经济学和凯恩斯主义经济学存在着一种共同失误，他们在理论框架里假设了供给环境，然后更为强调的只是需求端、需求侧的深入分析和在这方面形成的政策主张，他们都存在着忽视供给端和供给侧的共同问题。

仅将“三驾马车”放在需求侧看待，这一认识并不完整。比如，仅从需求侧看消费，就带有过强的静态特征，许多新消费动力的产生并非因为消费需求发生了变化，而恰恰是对消费的供给发生了变化。比如以手机产品为例，在还没有被发明出来前，是完全没有这一块消费需求存在的。在这种新兴产品投放市场后，直接的表现就是供给侧变化使需求侧产生了相应增量，这仅从需求侧无法观察到。

在经济学中，供给与需求是同时存在的一对关系。总体而言，需求管理是总量管理，侧重于在反周期概念下，各个年度短期视野内调节经济生活中银根的松和紧、施行总量的刺激或收缩。供给管理更多地着眼于中长期和全局的发展后劲，考虑不同角度的结构优化，区别对待、突出重点、兼顾一般、协调匹配等，而且需要引入制度供给问题，把物质生产力要素与人际生产关系变革打通来寻求优化方案，显然，供给管理的复杂程度远远高于需求管理。

“新常态”需要新动力机制

从应对亚洲金融危机和世界金融危机冲击的实践来看，我国在“反周期”总量调控为主的需求管理轨道上，继续可用的调控手段和作用空间已明显受限，仅以短中期调控为眼界的需求管理已不能适应客观需要，亟须注重在整个经济体系的供给侧。

当前，按照“新常态”概念看，经济运行中“新”显然已明朗化，但是“常”还没有实现，需要在运行中完成探底，在整个经济企稳后对接“增长质量提升”，而且尽可能长久地形成中高速增长平台。为了处理好新阶段“动力机制转换和优化”问题，需要考虑“怎么促使微观经济主体潜力和活力充分释放”，需要建构经济增长的新动力机制。

在传统的需求管理还有一定作用和优化提升空间的同时，我们迫切需要释放新需求，创造新供给，着力改善供给环境、优化供给侧机制，特别是通过改进制度供给，大力激发微观经济主体活力，构建、塑造和强化我国经济长期稳定发展的新动力。

我所在的中国新供给经济学研究群体已努力进行了多年的供给侧研究。我们认为中国最根本的改革开放大政方针下的转轨，首先是作为一种制度供给，支持了前30多年所取得的成就，但进一步深化改革的任务又异常艰巨。当前，我国经济仍面临严重的供给约束和供给抑制，是我们在改革深化中所必须解决的、实质性供给侧创新的“攻坚克难”。

通过供给侧改革释放中国经济潜力

支持经济增长特别是长期增长的要素，所谓“动力源”，在理论上分析主要是五个方面：劳动力，土地和自然资源，资本，科技创新，制度。主要的国际经验都表明，各个经济体在进入中等收入阶段之前，前面三项对经济增长的贡献容易比较多地生成和体现出来。一般经济体在发展过程的初期与“起飞”阶段中，强调所谓“要素投入驱动”，体现为粗放发展，是和这有关的。在进入中等收入阶段之后，后面两项即制度、科技和管理创新方面，可能形成的贡献会更大，而且极为关键。时下热议的所谓“全要素生产率”，主要就是指后面这两项能够给予的新支撑。

所以，中国新时期的增长动力构建，实际上是工业化、城镇化、市场化、国际化、信息化，加上政治文明概念下的民主法治化发展过程中经济生活供给侧的五大要素，需合乎规律地优化形成升级版的混合动力体系。结合我国实际情况，这几大要素都存在明显的供给约束和供给抑制，需要通过全面的制度改革化解制约，特别是使后两项要素更多贡献出对前三项要素的动力替代效应，进一步释放经济社会微观主体的潜力，提高经济增长活力，也即所谓的“供给侧结构性改革”与“提高全要素生产率”，落在提升供给体系的质量和效率上。

作为一个转轨中的发展中大国，我们要追求“追赶—赶超”、后来居上的现代化。过去我们更多依靠“后发优势”，现在必须努力转为更多地争取供给侧发力的“先发优势”，这样一个大思路定位必然是守正出奇，在充分尊重市场在资源配置中总体决定性作用的同时，要在政府职能方面有意识地把总量型需求管理与结构型供给管理相互结合，特别是把理性供给管理作为“十三五”及中长期中国经济升级发展、可持续发展的内在要求和重要组成部分，并紧密结合“有效制度供给”这一改革的关键。

供给侧改革的核心内涵是解放生产力

原财政部财政科学研究所所长　贾　康

供给侧结构性改革在“十三五”时期乃至更长的时期内将处在一个突出位置上，为中国经济的发展发挥重要作用。供给侧改革必须把核心内涵放在进一步深化改革来解放生产力的命题上。我们需更注重以中长期的高质量制度供给统领全局的创新模式，在优化供给侧环境机制中，强调以高效的制度供给和开放的市场空间，激发微观主体创新、创业、创造的潜能，构建、塑造和强化我国经济长期稳定发展的新动力。

“中西医结合”，以制度供给为核心

2011 年以后，我国经济告别两位数增长状态而进入潜在增长率“下台阶”的新阶段，“新常态”其“新”已在经济下行中明朗化，而其“常”则还未实现，需要完成探底、在企稳后对接一个增长质量提升且尽可能长久的中高速增长平台。对此至为关键的结构优化和创新驱动，必须以实质性推进攻坚克难的全面改革来保障。

当前，中国经济社会发展的现代化进程已经到达一个非同寻常的关键时期和历史性的考验关口，仅以短中期调控为眼界的需求管理已不能适应客观需要，应当及时、全面引入以“固本培元”为主旨、以制度供给为核心、以改革为统领的新供给管理方略，针对中国经济社会的重大现实问题，“中西医结合”多管齐下，共收疗效。

为处理好新阶段动力机制转换与优化、促使微观经济主体潜力与活力充分释放的相关问题，需要十分注重在整个经济体系的供给侧，正确把握改善其环境与机制的思路和要领。在传统的需求管理还有一定作用和优化提升空间的同时，我们迫切需要释放新需求，创造新供给，着力改善供给环境，优化供给侧机制，特别是通过改进制度供给，大力激发微观经济主体活力，构建、塑造和强化我国经济长期稳定发展的新动力。

在中央财经领导小组第十一次会议上，习近平总书记强调：“在适度扩大总需求的同时，着力加强供给侧结构性改革，着力提高供给体系质量和效率，增强经济持续增长动力。”这为推动我国社会生产力水平实现“升级版”的整体跃升，给出了极为重要的指导。

中国经济的供给升级客观需要和结构性分化过程正趋于明显。如果我们在原来货币政策的“从紧”和财政政策的“稳健”搭配，转入认识适应和引领“新常态”的适当宽松的货币政策与扩张性积极财政政策的搭配之后，坚持有所区别地对待在我国“三农”、社会保障、区域协调发展、自主创新、节能降耗、生态保护、支持深化改革等领域，运用结构性对策加大要素投入的力度和促进相关机制创新改进，便是通过“供给管理”加强了这些经济社会中的薄弱环节，即增加了国民经济中的有效供给和可持续发展支撑条件，并适应了激发微观主体活力、增强经济发展动力的环境建设客观需要。

优化供给侧环境与机制的五大建议

在我国，往往在经济下行压力明显时，也正是改革推进阻力较小之时。应抓住时机，推进改革优化供给侧环境机制，为我国的长远可持续发展夯实基础。我们主要有以下建议：

第一，从控制人口数量转向优化实施人力资本战略。面对我国劳动人口明显下降、老龄化社会加速到来的趋势，必须尽快、果断调整我国人口政策。一是全面两孩政策调整出台后，还可以并应当动态推进后续优化举措。二是将计划生育重点针对体制内的人口控制，过渡到以整个社会全面优生和提高人口质量为核心的人口战略，并进一步改写为以教育和提升创新能力为核心的人力资本战略。另外，促进人口流动、适当吸引移民也应当成为我国人口政策的重要内容。

第二，积极审慎推动土地制度改革，逐步建立城乡统一的土地流转制度。土地制度是国家的基础性制度，也是供给管理的极重要内容。当前，土地制度改革的焦点主要集中在农村土地方面（涉及集体经营用地、农民承包地和宅基地）。我们建议积极落实十八届三中全会《决定》中的有关精神，明确农村集体经营性建设用地入市范围和途径；建立健全市场交易规则和服务监管制度，积极总结借鉴重庆等区域以“地票”制度处理远离城市中心区的农民在农地“占补平衡”框架下分享城镇化红利的经验。全面推动农民承包土地使用权的确权、流通、转让、租赁制度，保护农民的合法权益。

第三，全面实施金融改革，积极解除“金融抑制”，有效支持实体经济。一是进一步深化金融机构特别是国有控股商业银行改革，适当降低国家持股比例，提升社会资本持股比例。二是积极发展证券、保险等非银行金融机构。三是在政策性融资机制创新中构建多层次、广覆盖、可持续的开发性金融、农村金融、绿色金融、科技金融等服务体系。四是依托存款保险制积极发展一大批社区银行、村镇银行，健全小型、微型企业融资体制，改进小微企业的金融服务。五是应全面放开存贷款利率管制，实现市场化定价的方针，在利率市场化的最后“临门一脚”——放开存款利率上取得突破后继续改进和完善相关机制。六是以显著提升直接融资比重为目标，大力发展多层次资本市场，在继续完善主板、中小企业板和创业板市场的基础上，积极探索覆盖全国的股权交易市场（三板），并推动“大资产管理公司”建设。七是提高金融业稳健性标准，牢牢守住不发生系统性风险、区域性风险的底线。八是加强金融业监管，落实金融监管改革措施和稳健标准，完善监管协调机制，界定中央和地方金融监管职责和风险处置责任。九是做好准备适时实行人民币在资本项目下的可兑换，支持人民币国际化。

第四，切实改革，为企业经营创业活动“松绑”、“减负”，激发微观经济活力。结合当前企业的实际情况，应以“负面清单”原则取向，创造高标准法治化营商环境。以自贸区为标杆，进一步简政放权，降低门槛、减少准入控制，同时改革监管方式，优化服务，推动全国统一的行政审批标准化改革，建立覆盖所有法人、自然人的全国性信息信用系统，执行统一的市场监管规则，以此最大程度地减少社会交易成本，为企业创造良好的经营环境。适度降低我国社保缴费率，同时加快推进实施基本养老社会保障全国统筹步伐；建立全国统筹的社保体系可结合调入国资经营收益等机制。进一步清理收费，降低企业实际综合负担特别是税外负担。

第五，大力实施教育改革和创新驱动战略，培育高水平人才有效建设创新型国家。以改造应试教育和去行政化为重点的教育改革势在必行，以利培养造就一大批创新人才。面对新一轮生产力革命（“第三次产业革命”）的挑战，我国从中长期来看，需要在高端“买不来的技术”领域靠原始、自主创新艰难前行，在中高端依靠全面开放和“拿来主义”“引进、消化吸收再创新”与“集成创新”结合，最终建成“创新型国家”，完成从工业时代经济向与“第三次产业革命”接轨的“中国新经济”的转轨。为力求主动，必须积极深化科技体制改革，完善支持自主创新和成果转化的政策体系，引导各类创新主体加大研发投入，调动社会各方面参与和推动自主创新的积极性。要完善以企业为主体、市场为导向、产学研结合的技术创新体系；加强创新型人才队伍建设，重视培养引进高科技领军人才；培育创新文化，保护创新热情，宽容创新挫折，形成有利于创新的全社会氛围，多元化支持从发展基础科研、实施国家科技重大项目到促进科技成果产业化各个方面的自主创新，提升创新绩效。

供给侧改革的本质与政策建议

中国农业银行首席经济学家　向松祚

需求刺激政策已不再是最佳政策

长期以来，我国宏观经济政策主要是需求刺激政策。在我国经济建设初期，我国政治体制特有的 GDP 考核机制鼓励各级地方政府增加那些能够创造 GDP 或工业产值的项目和产业，诸如钢铁、汽车、煤炭、造船、重化工、电子、水泥、平板玻璃、房地产、高速公路、铁路、码头、机场等。相反，与民生息息相关的教育、医疗、文化和各类软性公共服务（包括人性化和高效的城市管理），这类“看不见”的 GDP 由于很难核算，容易为政府官员所忽视和轻视。因此，多年来，政府财政开支和银行信贷资金绝大部分都流入到上述那些行业里。当然，在我国经济建设初期，各类产业的产品供给不足，基础设施普遍落后，大规模基础设施、制造业和房地产投资有其合理性和必要性，政府主导和引导各类资金和资源流向基础设施、制造业和房地产是正确举措，实际效果也确实不错，帮助创造了持续数十年的高速增长奇迹。然而时移世易，思维必须与时俱进。长期以来行之有效的需求刺激政策为何今日不再是最佳政策？原因也很简单，经过三十多年的高速增长，我国已经从普遍供给不足或短缺经济发展到普遍供给过剩尤其是绝大多数制造业和房地产行业产能过剩和高额库存。早在21世纪初期，我国就应该开始注重供给侧改革，至少供给政策与需求政策应该并重。但是，我们不仅没有下决心实施供给政策，反而继续大规模实施需求刺激政策，结果使中国经济结构失衡问题日益严重。一方面是制造业和房地产行业突飞猛进，产能过剩和高额库存持续恶化；另一方面则是与民生息息相关的教育、医疗、文化和公众服务的供给严重不足，老百姓的收入增速始终赶不上房价增速，看病难、上学难、买房难成为困扰普通百姓尤其是低收入家庭的“新三座大山”。产业结构严重失衡、城乡差别继续扩大、贫富差距不断恶化、“三农”问题日益严峻，是我们经济和社会发展面临的最突出矛盾，是我国数十年经济增长模式所积累的直接后果。

供给侧改革意味着经济思维、政策哲学和经济制度的革命性变革

如今最高决策层审时度势，痛下决心实施供给侧改革，确实是势在必行、别无选择。供给侧改革需要壮士断腕之坚强决心，从表面和短期看，至少要从如下几个方面着手：其一，必须坚决剔除

那些年年亏损严重、依靠信贷资金和财政补贴维持生存的“僵尸企业”。其二，采取一切可能采取的办法，鼓励或迫使企业去杠杆、去负债、努力增加资本金，不能再依靠信贷资金盲目扩张。其三，尽快摸清房地产库存情况和未来需求变动趋势，不再盲目大规模建造保障房和廉租房。其四，货币政策和信贷政策需要坚持间接调控和直接调控（精准调控）相结合，切实解决我国面临的信贷结构极端不合理问题。其五，财政资金必须大幅度向教育、医疗、社保、公共服务等关系普通百姓民生疾苦的方向倾斜，尤其是要切实解决广大农民家庭上学难和看病难的现实问题。其六，继续或者大幅度降低企业税负，简化税制，取消一切不合理的乱收费，让企业尤其是新创企业有宽松的生存和发展环境。从深层次和长期看，真正的供给侧改革必然意味着经济思维、政策哲学和经济制度的革命性变革，它是一场真正的革命。供给侧改革绝非简单地从需求管理转向供给管理，本质上是从政府主导和管理经济彻底转向市场主导和调节经济。要实施供给侧改革，各级政府就必须进一步简政放权，该撤销的政府机构必须坚决撤销，该还给市场和企业的权力必须坚决还给市场和企业，该取消的各种管制必须立刻取消。还要建立一个真正的内在制度或机制，防止政府重新收回权力或蓄意制造新的权力。供给革命的主角不是政府和官员，而是企业和企业家。企业家和企业家精神是供给学派经济学及其政策主张的精神灵魂。激活企业家精神，就必须给所有企业创造公平公正开放的竞争环境。这一点对我国而言尤其重要，是供给侧改革最难以突破的地方。

经济新常态下供给侧管理具有重大意义

中国人民大学校长　刘　伟

经济下行压力首先来自需求疲软，但根本在于供给侧的结构性失衡

与改革开放历史上宏观经济失衡显著不同，进入新常态以来，我国宏观经济失衡既不是单纯的需求膨胀，进而形成需求拉上的通货膨胀成为突出矛盾的格局，也不是单纯的需求疲软，进而形成市场萧条的失业率上升成为突出矛盾的格局，而是既有通货膨胀（特别是成本推动与需求拉上共同作用的通货膨胀）的潜在压力，又有经济“下行”（特别是内需不足及产能过剩共同作用下的“下行”）的严峻风险。这种“双重风险”并在的失衡格局，使宏观经济政策既不能全面扩张，又不能全面紧缩，财政与货币政策若“双松”，则可能有利于扼制“下行”但却可能激发通胀；若“双紧”，则可能有利于抑制通胀，但却可能加剧下

行；若采取松紧搭配的反方向组合（比如：积极的财政政策、稳健的货币政策）则可能使宏观政策效应相互抵消而降低政策的有效性。

形成新常态下新失衡的直接原因，看起来首先是发生在需求侧。就经济下行而言，经济增长速度相对放缓，从2011年的9.3%，下降到2012年的7.7%、2013年的7.7%、2014年的7.4%，2015年预计7%左右，其中前三个季度已低于7%（6.9%）。直接的宏观层面原因，在于需求疲软，内需不足突出。固定资产投资需求增长率2010年后便降至20%以下，自2012年以来更是呈现持续下降趋势，今年前三季度已降至10%略高；社会消费品零售总额增长率所反映的消费需求也是持续下降态势，从14%左右降至10%略多；出口需求增长乏力，今年已出现负增长，净出口对于经济增长的贡献已连续多年呈现负值，但更深层次的原因则在于结构性失衡。

就投资需求疲软而言，之所以呈现下滑趋势根本在于产业结构升级动力不足。一方面，沿袭传统产业结构扩大投资已经受到产能过剩的硬约束，无论是工业消费品还是投资品，产能过剩的矛盾越来越突出，有些产业的产能已经不仅是相对的或周期性的过剩，而是绝对的或持久性的过剩，在去产能压力不断增大的条件下，沿袭原有结构扩大投资已不可能；另一方面，在拉动前一期经济高速增长的产业，特别是房地产业和汽车制造业等增速放缓，产能日趋饱和的同时，新兴替代的主导产业群还未真正兴起，缺乏新的战略性主导产业对投资的引领；根本在于自主研发和创新能力不足，产业结构升级动力不足，使得投资者难以找到有效的投资机会，尤其是实体产业的投资需求疲软，缺乏有效的投资机会，进而对货币资本的有效需求不足。

就消费需求疲软而言，之所以增长乏力，根本原因在于收入分配结构失衡。突出的问题在于居民间收入分配结构上的差距过大，自 2002 年以来，据国家统计局公布的我国居民收入差距的基尼系数始终在警戒线水平之上（40%），大多数年份在 45% 以上，最高的年份达到 49.1%，这种收入差距拉大必然降低居民普遍的消费倾向，而在差距扩大的各种原因中居首位的是城乡差距。而城乡差距之所以较为突出（城市居民人均可支配收入大体上是农村居民人均纯收入 3 倍以上），重要的发展原因在于产业间收入结构上的矛盾，第一产业就业比重为 32% 左右，而相应的在 GDP 中占比仅为 9% 略强，意味着 32% 的农业劳动力在初次分配时分配 9% 的 GDP，而 90% 以上的 GDP 为 60% 多的非农产业劳动力所获，这种产业间的收入差距主要是来自产业的劳动生产率。可见，消费需求疲软的深层次原因首先在于收入分配结构失衡，而收入分配差距扩大的结构性失衡的重要发展性原因在农产业与非农产业的劳动生产率结构性失衡，进而导致消费倾向的普遍下降，再加上供给侧本身的产品质量、安全性、经济性等多方面的原因，也在一定程度上限制甚至削弱了人们的消费需求。

可见，经济下行的压力首先来自需求疲软，但进一步看则是在供给侧的结构性失衡，产业结构升级动力不足和产业劳动生产率结构性失衡是投资需求不足和消费需求增长乏力的深层次原因，而产业结构升级和产业间劳动生产率结构均衡主要是供给方面的问题，扼制下行，从根本上来说需要从供给侧入手。

需求疲软条件下潜在通胀风险的根本控制也取决于供给侧的调整

就新常态下宏观经济失衡双重风险并存中的另一重风险而言，看起来虽然实际表现出来的通胀压力并不大，甚至有通缩的风险，但潜在通胀压力较大，使得货币政策对于治理通缩表现出特别的谨慎，我国 PPI 已有 40 多个月为负值，CPI 近年来始终在 3% 左右，有时甚至在 2% 以下，今年前三季度仅为 1.4%。考虑到统计误差，通常 CPI 若低于 2%，往往会要求宏观政策考虑治理通缩，但我国现阶段稳健的货币政策对潜在的通胀压力高度关注，对治理可能的通缩较为慎重。

这种潜在的通胀压力之所以特殊，并不在于新常态下的通胀压力与经济增长动力之间的联系，不是来自较高的经济增长率，而是另有原因。从成本推动方面看，主要是由于经济发展进入新常态以来，要素成本，包括劳动力成本、自然资源价格、环境成本、技术进步的成本等全面系统性地提升，以往依靠要素成本低的竞争优势，通过大规模扩大要素投入量的方式拉动经济增长已不可持续。必须根本改变经济增长方式，从主要依靠要素投入量的扩大转变为主要依靠要素效率和全要素效率提高带动经济增长，否则不可能消化日益上升的国民经济生产成本，消化不掉，则变为巨大的成本推动的通货膨胀压力。我国现阶段的通胀压力在相当大的程度上来自成本推动（有测算接近 50%），显然，这种要素成本结构的改变要求以创新推动投入产出结构的改变，进而改变增长方式。这种效率的提升和成本结构矛盾的化解，主要是供给侧的改革。

从需求侧方面看，除2008年以来应对世界金融危机采取的扩张政策形成流通中较多M2存量外，就货币增量而言，重要的，有时甚至是首要的原因在于外汇占款，即在定期结汇制下，因结汇央行增发的基础货币。而外汇占款倒逼基础货币增发的深层次原因，则在于我国国际收支长期存在收大于支的严重失衡，导致外汇储备不断增大。这种国际收支结构失衡的根源则源于我国的产业结构决定的贸易结构与世界经济格局间的矛盾，这种产业结构及所规定的贸易结构的改变，主要也是供给侧的变革。

显然，新常态下经济双重风险中通胀潜在压力发生的根源，主要并不在需求侧，相反，在需求疲软的条件下存在的潜在通胀风险，主要是源于供给侧，无论是就成本推动还是就需求拉动而言，通胀压力的根本控制取决于供给侧的调整。

供给侧管理对缓解我国深层次的结构性失衡具有特别的重要性和针对性

宏观调控上的供给管理与需求管理有显著不同。

一是作用对象不同，需求管理政策作用的微观对象主要是消费者和购买者，供给管理则主要针对生产者和销售者。

二是作用方式不同，需求管理政策主要调节消费者和购买者的购买力，即有效需求，而供给管理政策主要调节生产者和劳动者的积极性。

三是作用效果不同，经济失衡时，可以采取需求管理，也可以采取供给管理推动经济趋于均衡，但这一过程中价格水平的变化是不同的。假如经济处于衰退，为刺激经济需采取扩张性政策，如果从需求侧入手，需要刺激需求进而活跃市场，企业在给定的生产成本下利润上升，从而增大产出、增加就业，但同时，价格水平会上升，通胀加剧；如果从供给侧入手，降低生产者成本提高其效率，供给增加，但同时价格水平会下降。也就是说，为实现增长，需求管理与供给管理所付出的通胀代价是不同的，对于既存在经济下行风险又存在通胀压力、双重失衡并存的治理而言，供给管理有着特殊的意义。

四是作用周期不同，供给侧调节对于宏观调控而言，具有短期调控的政策效应，但更具长期效应。一般而言，需求侧管理政策在短期即可显现明显的政策效果，无论是财政政策还是货币政策，对需求的影响短期内即可显现；但供给侧的政策则往往需要更长时间才可显现，因为影响生产者行为的政策带来的生产方面的变化需要较长期积累，无论是生产者的效率，还是劳动者劳动生产率的提高，无论是资源配置结构还是产业组织的调整，都是创新的函数；而创新，包括技术创新和制度创新等都是长期累积形成的，在短期内难以显现效果。也正因为如此，在经济失衡时，在运用需求管理还是运用供给管理的选择上，政府通常（特别是在政府选择明确短期行为的导向下）首选需求侧调控，因为需求侧管理政策见效快，而供给侧管理则见效慢。与之相联系，供给侧管理不仅涉及增量，同时涉及存量，需求管理则更多地涉及增量，存量方面的产能调整、产业结构调整、产业组织调整、区域布局调整等触及的矛盾往往是长期积累而成的，因而阻力大。

因此，针对我国新常态下宏观经济失衡的特殊性，引入供给侧管理具有特殊的意义：一是在双重风险并存，进而总需求管理政策效应难以统一到单一方向和目标的条件下（或者全面扩张，或者全面紧缩），供给侧的管理便成为必然的选择。因为双重风险并存的条件下，对总需求的刺激或紧缩都会在扼制一方面失衡的同时，加剧另一方面的失衡；而从供给侧入手，则可能在降低生产者成本，提高生产效率的基础上，同时实现增大产出和缓解通胀的双重目标。

二是政府可以直接控制供给管理的政策效果，在更大程度上实现政策的精准效应，从而降低宏观经济政策效果的不确定性，降低宏观调控的风险。需求管理政策更多的是就总量而言，供给管理政策则可以体现更多的结构性差异；同时，需求管理政策的市场效应是难以判断的，而供给管理政策效应，特别是对生产者成本的影响程度是可以做出较为清晰的判断的。

三是供给侧管理给予地方政府更大的政策空间。需求管理更多的是中央政府宏观政策的作用对象，地方政府对于需求管理的政策作用受到较多限制，因为地方政府并无海关限制，地方政府采取的一系列刺激需求的举措，增大了当地居民收入及购买力，但当地居民未必在当地消费购买，可能到其他地区甚至境外购买，因而也就没有刺激当地市场的需求。地方政府需求管理的政策对当地市场的作用具有很大的不确定性，而供给管理则不同，地方政府对当地供给条件的完善，对当地生产者的优惠，基础设施等外部经济环境的改造，对创新的鼓励和支持等供给方面的举措，以及相应带来的就业增加等，其政策效应主要或者首先会集中在当地体现。

四是供给侧管理可以直接深入到收入分配结构的调整，从而降低收入分配差距过大而形成的经济增长动力不足和效率损失。需求管理涉及的是总量，难以触动社会收入分配结构，而供给侧管理恰恰是以调节生产者和劳动者激励条件为政策着眼点，因而可以综合运用财政政策（税收）、货币政策（利率）等工具，从总量和结构上同时调节收入分配。显然，供给侧管理的特殊意义，对于我国经济进入新常态下出现的新失衡，特别是深层次的结构性失衡的缓解和克服，具有特别的重要性和针对性。

供给侧管理的主要政策手段：政府监管、经济结构政策、财政政策和货币政策

那么，运用供给侧管理有哪些主要的政策手段呢？一是作为供给侧管理的政府监管政策和手段，主要包括：政府对要素价格水平和上涨率的监管，特别是对劳动力工资水平的监管（包括社会保障和各种公积金等），使工资水平的变动与经济均衡的要求尽可能一致，从而在降低企业生产成本和调动劳动者积极性之间取得平衡，使失业率和通胀率可以同时得到有效的控制，以缓解滞胀（使总供给曲线右移）；此外，对资源使用方向的监管，对企业市场不当竞争行为的监管，对要素流动性，特别是资金、外汇、劳动力等流动性的监管，对企业产出质量、安全标准的监管，对环境质量和标准的监管等，都会影响到企业的生产成本，进而产生供给效应。作为政府监管的供给政策既可以是长期的，也可以是短期的。

二是经济结构政策。首先是产业结构政策，包括主导产业政策、部门结构、就业结构及相应的教育结构、技术结构及相应的研发结构、三大产业间的结构高度推进政策等，均构成供给侧管理政策的重要组成部分，具有强烈的供给效应。其次是区域结构政策，包括国民经济总体上的经济区域间的结构布局，也包括不同地方根据自身优势和资源禀赋采取的差异化的区域发展政策。对于地方政府而言，不可能拥有独立的货币政策，运用财政政策影响总需求的作用也十分不确定；而地方政府对当地企业的外部经济条件的改善，对企业成本的政策影响，对劳动力成本的监管，对人才的吸引等采取供给侧的政策，有着更强的能动性。再次是产业组织，即市场结构政策，包括市场准入、市场规制以及反垄断的一系列产业组织结构问题。虽然市场在其中起着基础性作用，但在很大程度上，尤其是在市场失灵的条件下，政府政策干预便有着不可或缺的作用，而这类市场结构的干预和管理政策，总体而言属于供给侧管理。

三是财政政策，财政政策不仅具有需求效应，同时也具有供给效应，主要包括税收政策（可以直接影响企业生产成本）、补给政策（同样可以影响厂商成本）、再分配政策（可以影响劳动者的积极性，进而影响供给）。财政政策的需求效应与供给效应究竟哪个更显著，理论上是有争议的，但财政政策同时具有需求效应和供给效应是普遍被承认的。

四是货币政策，货币政策同样同时具有需求效应和供给效应。就供给效应而言，货币政策可以影响企业使用资本的成本，可以影响企业和工人的实际税负，也可以影响企业的预期，而这些影响都会产生供给效应。

显然，引入供给侧政策，对于短期总量失衡而言，有利于缓解滞胀，或如我国现阶段的通胀压力与下行压力并存的“双重风险”。因为供给侧管理影响企业和劳动者的成本及积极性，运用供给政策提高供给效应（使供给曲线向右移），可以在需求不变的情况下，或者说不刺激需求的条件下，扩大有效产出，增加就业机会，既可以在需求疲软的条件下刺激有效增长，也可以在实现增长的同时，减轻需求扩张形成的需求拉上的通胀压力；同时，供给效应本身直接降低着成本推动的通胀压力，从而达到缓解通胀压力的同时刺激经济有效增长的双重目标。

对于长期结构性失衡而言，有利于缓解结构性失衡产生的深层次矛盾，在改善生产者和劳动者外部经济的同时，降低生产者成本、提高劳动者积极性，并在此基础上引导和推动产业组织结构，产业间的结构，区域经济结构等结构变化，这是供给侧政策作用的重要着力点。供给管理之不同于需求管理，重要的便在于更强调结构调整，而不是一般的总量干预。这对于我国经济新常态下的新失衡而言，具有特别重要的意义，因为我国现阶段的总量“双重风险”并在的新失衡，深层次的根源在于一系列的结构性失衡。

供给侧管理及改革需要创造的机制和制度条件

有效地实施供给侧管理，以下四方面的机制和制度条件的创造及完善是极为必要的。

一是有效的宏观经济政策的传导机制，包括财政政策传导机制和货币政策的传导机制。引入供给侧管理，在政策传导上意味着协调需求管理与供给管理，即强调总量需求管理政策与强调结构性的供给管理政策之间的协调；意味着协调宏观政策与微观行为，即宏观经济政策与微观企业行为之间的传导；意味着突出短期宏观调控效应的需求侧政策与突出长期累积性效应的供给侧政策间的协调；意味着以增量调控为特征的需求调节与包含存量调控的供给调节间的协调，等等。

这就特别需要政策传导机制的有效性，否则不仅无以协调，而且可能形成政策效应间的相互矛盾，使供给侧管理难以引入，包括：财政政策与货币政策间的协调和传导，特别是在财政与货币政策采取“松紧搭配”的反方向组合格局，而不是同方向的“双松”或“双紧”的条件下，两者间的协调机制尤为重要；财政收入与财政支出政策之间的协调，特别是从广义上的政府收入与支出（所谓四本账）政策上的协调，两者之间的对立和矛盾会严重损害财政政策效应；货币政策上的数量工具（货币数量）与价格工具（利率）之间的协调，特别是两者之间是否同步对货币政策效应会产生重要影响；政府在价格监管上对生产者成本维护和对劳动者利益维护之间的政策协调，特别是两者出现冲突时的政策倾斜会产生完全不同的供给效应；企业存量上的结构调整及去过剩产能的政策要求与企业债务风险管控的政策规范之间的协调，等等。若缺乏有效的传导机制，则需求侧管理政策与供给侧管理政策难以统一，从而难以实现供给侧改革的效应。

二是深化市场化进程，在市场化深入和不断完善的基础上，规范政府与市场的关系。全面引入供给侧管理和变革，必须以全面深化社会主义市场经济改革为基本经济制度基础。供给侧管理政策作用的对象是生产者和劳动者，直接影响微观经济行为，并在此基础上直接影响经济结构的形成等非总量经济运行，从而使得政府政策干预较总需求管理更为深入。这就要求在体制上必须具有较为完备和竞争较为充分的市场作为基础，否则便可能使资源配置脱离市场机制而在更大程度上纳入政府调控，甚至否定市场机制的基础性和决定性作用。越是强调引入供给侧管理，越需要强调市场竞争的自由和充分性，越是需要承认和肯定市场机制对于资源配置的决定性作用。

我国经济进入新常态面临一系列新变化、新特征、新挑战和新失衡，引入供给侧管理有着特别重要的意义和历史紧迫性。尤其是到 2020 年能否实现“第一个百年目标”，全面建成小康社会，全面深化改革，进而到 2020 年初步建成较为完备的社会主义市场经济体制，是实现全面小康发展目标的根本性体制保障。包括企业改革，特别是大型及特大型国有企业的深化改革，现代企业制度建设，民营企业的培育等；市场竞争性价格机制的改革，包括商品市场化的完善，要素市场化的深入，价格、利率、汇率等一系列市场交易条件决定机制的改革等；政府职能的转变及机制改革，包括宏观调控方式、政府监管方式和领域、政策传导机制的改革以及政府职能的根本转变等；所有制结构的改革，特别是探索公有制与市场经济有机融合的方式和可能，探索公有制在市场经济条件下的新的实现方式等。总之，根据党的十八届三中全会全面深化改革的决定精神，努力建设中国特色社会主义市场经济体制，规范并协调好政府与市场的关系，使市场在资源配置中起决定性作用，这是有效地引入供给管理必需的制度基础，也是政府进行包括需求管理在内的全部宏观调控必需的制度条件。

三是全面深化法治化进程。市场经济是法治经济，市场经济的微观主体权利（私权）必须有法律制度的肯定和保护，市场经济中的政府公权必须有法律制度上的承认和规范。在宏观管理上引入供给侧调节，对法治化水平必然提出更高的要求，特别是对政府权力的规范提出更全面和深入的要求。法治化深入的真正难点和关键不在于一般性的法律制度的构建，而在于法治精神的弘扬，包括法律制度及体系的供给质量（全面系统而又可行的良法）保证，全社会对法制的服从和尊重（遵纪守法的社会普遍自觉），而这种法治精神中最为重要的是对政府公权的规范，使之一方面切实建立在民主基础之上，一方面切实受到制度的约束。否则，引入供给侧管理，政府对经济的干预较总需求管理更为深入、更为具体，若对其权力缺乏民主监管和法制约束，政府在扩大权力的同时面对市场，极可能产生普遍且严重的“寻租”，加剧腐败，使资源配置不再根据市场竞争效率准则，而是遵循寻租准则，既无公平，也无效率。

党的十八届四中全会决定提出，全面推进依法治国，建设法治中国，努力实现法治国家、法治政府、法治社会的法治目标，进而切实处理好社会主义中国的民主与法治建设的历史性命题，不仅对于建设社会主义市场经济体制有着极为重要的意义，而且对于提高国家治理能力极为重要。其中，对于提高政府宏观调控能力和效率更是不可或缺，在引入供给侧管理的条件下，这一点显得尤为突出。

四是全面提倡社会主义核心价值观。市场经济中社会道德秩序的核心是诚信，因为市场经济是信用经济。在经济转轨过程中，传统的以“忠诚”为核心的道德秩序发生着动摇，而与现代市场经济相适应的以“诚信”为核心的道德秩序仍在形成中，或者说尚未确定，在社会道德领域容易发生所谓“道德无政府”状态。引入供给侧改革，重要的着眼点是提升供给质量，改进供给结构，降低供给成本（价格），从而以更好的品质和服务，更低廉的价格满足人们的需求，以供给适应需求，以供给创造需求。

我国作为一个发展中国家，供给方面需要提升的空间广阔，许多方面不是需求疲软，而是供给质量、安全性、经济性等不足，人们不愿意甚至不敢购买，从而抑制了需求，甚至转移了需求（到境外抢购等）。要完善供给，需要多方面的保障，其中重要的是道德秩序上的支持。特别是在一些信息不对称领域，生产者有的信息明显超过消费者，因此在市场上消费者处于谈判劣势地位，尤其需要生产者的“诚信”，比如食品、药品、医疗、教育、服务等领域。在中国特色社会主义现代化建设中，道德秩序的转型（从传统到现代）需要处理的问题极为复杂，因而，弘扬我国社会主义核心价值观是极其艰巨而又具有根本性的使命，对于引入供给侧变革的宏观调控而言，有着无可估量的意义。

没有产业支撑的增长都是空谈

北京大学国家发展研究院副院长　黄益平

对于中央高层日前提出的“供给侧结构改革”，针对目前生产中存在低效率、资源配置不当、技术进步比较缓慢、企业创新能力不足等问题，这一提法是有益的。中国经济增长下行的压力还会持续相当长一段时间，增长速度可能会有波动，但往下的趋势不会改变。

假如说我们把主要的经济学家们召集在一起，让他们预测未来五年中国 GDP 增长可能处于一个什么样的区间，非常有意思的是，乐观的经济学家和悲观的经济学家给出来的数字将非常贴近，基本上都在 6%～7% 之间。

唯一能够把增长速度稳住的就是创新和产业升级。但更重要的是，十八届三中全会改革方案形成至今，改革落实的速度慢于经济学家们的预期，中国需要更强的顶层协调来推进改革。

在创新产业的培育中，应当将产业政策集中在教育、科研、知识产权保护、金融体系改革等基础性的方面，而非直接支持某一产业，凡是政府明确支持的一个产业，这个产业就会很快发展，但产能过剩也会更快速地形成。

供给侧政策与需求侧政策是长期与短期的关系

供给侧政策与需求侧政策，我不认为存在谁胜出的问题，这两方面都很重要。其实大多数需求侧的政策，主要是宏观政策、短期政策，它其实更多的是平衡经济。而供给侧改革，更多地考虑如何实现资源的有效配置，可持续的生产率的提高和技术进步，所以它可能是一个更长期性的政策。

在发生全球性经济危机的时候，讨论供给侧的政策是没有意义的，那时需要的就是反周期、稳定宏观经济的政策；但我们现在进入了一个新的阶段，我们考虑的是中国经济还能不能持续增长五年、十年甚至更长时间，这时候考虑供给方面的政策是有意义的。

供给侧结构性改革，从解决我国目前生产当中存在的低效率、资源配置不当、技术进步比较缓慢、企业创新能力不足等问题的角度来说，是比较有针对性的。

短期宏观经济政策适度放宽松有可能

有经济学家认为，中央提出供给侧改革，意味着此前“通过增加投资刺激需求来拉动经济增长”的思路有所转变，因此货币政策会相对收缩。这种说法是没有根据的。

首先，现在货币政策并没有特别宽松，目前实行的一直是稳健的货币政策。其次，这两个问题并不在同一个维度上。货币政策和财政政策用于解决短期稳定的问题，比如经济下行压力过大，将货币和财政政策用于经济的短期托底、稳增长；而供给侧的政策，通常用于解决中长期增长的可持续性问题。

不过，在重视供给侧结构性改革的情况下，将货币政策、财政政策刺激暂缓，这的确是一种可能性；而同时存在的另一种可能性是，需要推进供给侧改革。

比如，一些产业需要重组，意味着短期内经济增长下行的压力可能会进一步加大，因为需要人为关停部分企业，那么原来有的就业和生产，现在都没有了。当然，这些生产和就业本身都是无效的。但即便如此，把它们人为关停，经济活动就变得更少。此时，为了配合改革，以及实现保持经济平稳过渡，将短期宏观经济政策适度放宽松一些，也是有可能的。

两年前的改革方案（指三中全会决定）出来后，IMF（国际货币基金组织）曾经做过一个测算，发现如果所有的政策都能完全实施的话，对于长期经济增长是有益的——中国经济增长的潜力可以提高 2 个百分点。

但它同时发现，在短期内，这个改革会让经济增长下降 0.3 个百分点。即调整和重组在短期内，是会让经济活动有损失的。因此，经济结构改革，包括供给侧结构性改革，一般是改革政策（例如关停僵尸国企等）与宏观政策之间的协调，它是多层次、多维度的，而不是简单的一个方面。

僵尸国企退出的障碍并非无法化解

改革确实比较复杂。例如要让僵尸国企不生存，从理论上来说很容易，但如果真要把一个大国企关掉，它会有什么样的后果，执行的时候肯定会比较谨慎一些。第二个原因可能是，顶层设计方案做好了，但它最终实施的时候还是通过各个部门去落实，而各个部门的考虑和动力不太一样，所以有时候不同的部门，政策推进差距很大。现在的有利之处是，有了顶层设计，那就可以进一步加强实施和落实方面的协调，共同推进。

就国企改革而言，如果是僵尸国企要被关闭、被兼并或被重组，政府担心的无非是几方面的问题：第一，如果工人失业，会不会有社会问题；第二，会不会有很多不良资产——银行的不良贷款过多会导致问题；第三，一些地区的经济增长可能会受到影响。

这三个问题，有可能导致改革推进变得非常困难。但反过来看，不推进的后果是什么？例如我们确实担心失业问题，但通过支持一个本来已经资不抵债和产能过剩非常严重的企业继续运行，来保证一部分人的就业，和直接用资金保障这部分人的生活，哪一个效率更高？答案显而易见。

并且，目前我国有一定的社保体系，与过去什么都没有的改革环境已大不相同。同时，与过去劳动密集型国企很多的情形不同，目前的很多大国企尽管规模很大，但是其实都是资本密集型的，因此就业的问题其实是能够被化解的。

不良资产的问题也同样可以化解。其实，通过给僵尸企业提供更多的融资，让它们的不良资产不爆发，这更加危险。

如果现在不处理，不良资产问题会变得越来越严重——这非常重要。我们已经见到很多企业，在2008年或2009年本来要破产了，结果在2009年的刺激政策中全都被救活，但最近又要破产了。唯一的区别是，现在的负债已经比那个时候庞大很多。

从目前来看，以我国政府的资产负债表，或者说我们整个国家的财政能力，要化解不良资产问题是有可能的。比如，过去通过资产管理公司，将一部分不良资产先放在一个单独的平台上，慢慢化解。

再一个就是影响GDP增长：关闭国企使当地的经济暂时不活跃了，这正是长痛和短痛的问题。所以从一定意义上来说，它确实考验顶层的决断力。但如果不化解，以后的问题会更大。

因此，顶层设计在一定意义上来说，其实意味着顶层的协调和顶层的实施，大家一起来推动这件事进行。

有竞争力的产业形成后，经济增长才会企稳

所有的改革政策，两年前都已经告诉我们了：十八届三中全会的改革方案非常完整，而且中心思想非常明确，即市场机制要在市场配置当中发挥决定性作用。现在的问题就是能不能落实。

因此，经济增长短期的触底回升是有可能的，但那些触底回升

都不可持续。什么时候经济增长能够真正见底、平稳住，甚至有所回升，取决于我国有没有形成新的、有竞争力的企业，而这就需要经济结构性改革，或者说目前提出的供给侧结构性改革，它对经济稳定和保持中高速的可持续增长有积极的作用。

但是我想说的是，供给侧结构性改革的政策，对经济增长发挥显著作用，将有很明显的时间滞后，不会今天采取措施，明天增长就回升。

过去，中国经济很大一部分问题是宏观经济问题，即经济上下波动，并进行配套的金融改革。但现在的问题是，过去有竞争力的产业都不行了。无论是宏观政策还是增长潜力，核心问题是下一轮中国经济靠什么产业支撑，如果这个产业都想不出来，我们讨论的宏观政策、增长潜力，这些展望全部都是空的，因为最终，GDP是靠企业、靠一块钱一块钱做出来的。

这也可以看成是一个特殊的问题，即中等收入陷阱。中等收入陷阱的核心问题，就是以前有竞争力的产业都不行了，下一个阶段有竞争力的产业还在形成，有的我们现在还没看到。它其实有很大的不确定性，因此产业升级真的非常关键。

金融市场的纪律问题很重要

我目前比较关心的一个问题是金融市场的纪律问题。比如利率定价给放开了，但是如果借钱的人没有后顾之忧，借了钱不需要还，或者存在软预算约束、刚性兑付，其实是很危险的。

因此，现在我很关心国企改革问题，尤其是那些做得不好的、产能过剩很严重的，即僵尸企业能不能退出，如果它不能退出的话，对于提高资源效率会有很大的约束。

一方面，它要占有很多资源来让它继续运行、继续生产；另外一方面，这其实与鼓励创新相违背。我跟企业家交流，被问得最多的问题，就是政府什么时候会出台更加大的政策，看我什么时候能熬过去。如果明年初政府宣布很大规模的方案，那我再熬三个月就过去了。如果做得不好的企业能分到很多资金，那大家也就都没有很大的动力去创新了。

第三章

权威前瞻："供给侧改革"应如何发力

供给侧改革，增加供给而不是关停企业

北京大学光华管理学院名誉院长、教授 厉以宁

2015年10月10日，习近平同志在中央财经领导小组会议上，首次提出“在适度扩大总需求同时，着力加强供给侧的结构性改革，着力提高供给体系的质量和效率”，10月15日在G20会议上，习近平同志又重申重视供给端和需求端的共同协同发力。至此，供给方面改革进入决策公共讨论。下面分几个方面问题来讲：

供给方面发力的含义是什么？

经济学当中经常考虑供求平衡问题，都认为可以从需求方面调控，也可以从供给方面着手调控，二者区别在哪里？从需求方面调控是近期可以做到的，主要通过增加财政收入、货币贷款来刺激需求，或者用减少财政收入和减

少信贷来抑制需求，这是从需求方面。

从供给方面调控被认为是中期调控，因为需求方面调控是近期的调控，供给方面调控是中期的调控，主要在于经济结构的调整，包括产业政策的调整、技术政策的调整、资源配置的调整，这些都不是近期就可以见效的。

供给方面可以抑制供给，但不是主要的，抑制供给比如关闭产能过剩、消耗能源、消耗资源过多的企业，看起来容易，实际上也会遇到困难，比如说怎样安置失业工人、怎样处理闲置设备和厂房，当然供给方面的发力和需求方面的发力都是可以取得一定成效，但是供给方面的调控比需求方面调控一般都难一点，风险也会大一点。

风险在哪里呢？风险在于失业人数增加，如果这样长期存在失业，社会将不稳定，因此一谈到供给侧的发力，通常指增加供给而不是关停企业，首先把供给发力讲明。

供给方面发力难点在哪里？

在供给产能不够的情况下，盲目扩张产能是有问题的，产能扩张会使停产企业由于重新得到贷款又恢复运行，使资金继续流向那些停产、减产的企业，结果不但宏观上会造成通货膨胀，而且使国内经济结构更加不合理了，结构调整也就更困难。此外，供给增加的同时会带来三个不足，分别是：

1. 资本不足，因为要增加投资。

2. 专业人员、技工不足。

3. 土地能力、淡水、营销力量不足。

这三个不足都需要统一规划、统筹解决，因此把供给方面发力看成中期调控，需求管理是近期调控。

怎样克服当前供给方面改革障碍?

在这里，一共提出六条建议：

1. 可以通过定向调控，也就是结构性调控，以定向的减税、免税手段来鼓励现有生产能力，促使他们增加供给。

2. 鼓励高新企业的成长，扶持短板行业，以弥补生产能力的不足。

3. 大力发展新产品，使他们能够提供居民需要的消费品与服务，以扩大需求。

4. 加强职业技术培训，提高劳动力素质，缓解人力资源供给的不足。

5. 继续简政放权，明确三个清单，就是负面清单、权力清单、责任清单。这样有利于民间资本投入到供给方面去，增加供给的主体。

6. 调动企业创新的积极性，加快国企混合所有制改革，也使民营企业更快转型。民营企业转型主要是指到了一定规模以后，应该从家族经营制改为现代企业制度，要实行职业经理人制度，实行产权的细化、产权的奖励。

增加供给和增加需求往往是互动的

这就需要做进一步分析。供给方投资主体和需求方投资主体都不是被动的，他们各有自己盈利目标和实现目标途径，他们的行为是互相影响的。简要地说，要增加供给必须增加投入，包括资本的投入，包括各种生产资料的投入，以及人力资本的投入。而要增加需求除了政府购买以外，更需要民间的消费。民间的消费包括居民的购买力，这就要缩小城乡收入差距，还要提高居民的消费愿望。

我今年上半年曾经在河北做了一些调查，被一些企业家围住了，他们要我针对当前形势给几个建议：

第一句话是要让产品更个性化，把自己家里柜子打开，把自己家里箱子打开，里边放的衣服都是很新的衣服，为什么不穿？几年前买的，它的样式过时、料子不够时尚，所以都不穿了，要买衣服。假定衣服还是几年前样式、几年前料子他不会买，所以产品一定个性化才能打开销路。

第二应该看到购买意愿，购买意愿是很复杂的问题，实际是文化问题，你有某种信仰、某种习惯，还有他宁可把钱存了不消费，所以购买意愿的转变实际是更长期，它是跟文化的更新、文化的创新结合在一起。

可以讲，要真正扩大消费，不仅要从居民购买能力方面做出努力，而且要加强他们的购买意愿。年轻一代消费观念跟老一代不一样，但是年轻一代一般没有什么钱，有钱可能不一定投入消费，他愿意投资。这就是互动。

作为投资者，无论他是投资到供给方面，还是投资到需求设施方面，一定要考虑回收的成本、利率高低，假设都往供给方面投，这个时候需求怎么样？需求方投资者会转到供给方面，因为感觉到供给方面力量高。假定供给方力量没有需求方力量高，人们又会从供给方面把资金抽出，改投到需求公共设施上，所以双方是在互动的过程，不要以为你增加供给只能投入，民间资本跟着来，不一定？他要观望，所以这个过程是慢的。

第三通过供给增加，那是人力资源结构调整，这在供给方面不仅要看资本的投入，如果人的资本跟不上、技术工人跟不上、专业人员跟不上，供给不可能取得那么大的效果。所以这里就涉及一个重要的问题，我们要重视供给的发力，要跟人力资源升级结合在一起，我们经常讲旧人口红利没有了，新的人口红利将不断涌现。

大众创业、万众创新就给人类自然升级创造了条件，农民热衷于创办家庭工厂、农民创办一些小微企业，这都是人力资源在创新。所以中国人力资源将随着供给的发力也逐步提高，不提高跟不上供给需求，供给需要熟练技工、需要责任人员，就要靠创新创业来，这是我们能够完成的希望。

但也考虑到人类资源的提高，涉及一个根本性的问题，就是教育制度要改革。我刚从贵州回来，过去的学院改成工程学院，培养技工，90% 毕业分到企业，和企业合办，除了增加供给以外，使人力资本构成得到改变。

这也告诉我们一点，旧人口红利虽然消失了，新人口红利正在涌现出来，我到云南也看到职业教育在向沿海一带输送技工，都是 99.99% 能够被人家聘走，所以我们应该看到这个问题。

增加供给不是万能的

供给的增加会遇到一个不可逾越的障碍，也就是土地有限、资源有限，资源包括淡水、交通运输等都属于资源有限。东南沿海土地已经稀缺，那就西部投资，但是西部投资困难又来了，它土地虽然多，其他资源不足，运输成本高。你把原料运到那里成本就高，所以这个问题怎么办，要增加供给必须在劳动生产率提高基础上增加供给，供给是中期的调整，中期的调整就跟政府规划有关，现在正在制定“十三五”规划，“十三五”规划当中应该考虑今后供给方发力增加一些措施在里边。

增加供给不是万能的，因为供给增加也要符合经济规律，要注意增加供给长期效益，不然将来又会遇到麻烦。

我们知道新常态已经给我们带来很多启示，但是供给方发力，一方面供给跟需求是互动的，一方面有些问题短期内不容易解决，比如土地供给问题、资源供给有限问题、交通运输问题，这个让我们回到一开始讲过的问题上。

我讲过四句话：第一句话让产品更个性化。第二句话让服务更人性化，服务老是坐在那里等客户上门，摆面孔谁来买你，你是给人家服务。第三句话把品牌打到国外。人家对你品牌不了解。他们曾经做过一个调查，给外商发调查表，把你知道的中国品牌中，你认为记得住的写几个？最后问卷拿来一看，就一个品牌“茅台酒”。中国的制造业他们只知道茅台酒，好多制造业不知道，所以要把品牌打到国外。第四句话把顾客留到国内，现在到国外旅游很多。据不完全统计，旅游者在国外购买生活品花的资金大概一万亿人民币，为什么到国外买呢？我们调研中发现，有几个回答：一个买真货，第二人家货卖得比中国便宜，为什么中国卖得贵？因为关税高。这个情况告诉我们要把顾客留在国内。我们到国外去买不是不可以，但是到国外买增加的税收是外国的税收，增加就业是外国的就业。这一万亿如果在国内买到，商店减少关税以后我们一样可以做到，增加税收是国内税收，增加就业是国内就业。

靠投资拉动经济是寅吃卯粮

国务院发展研究中心研究员　吴敬琏

第一，从过去的讨论宏观经济问题的时候主要是着重在需求侧转向了供给侧，这是非常重大的转变，这是积极的转变。供给侧存在问题提出了很久了，但是在分析问题的时候，在提出解决办法的时候，往往把重点放到了需求侧。为什么现在会碰到这么多问题呢？一分析就是需求方力道不足，就是大家所知道的“三驾马车”。

特别是 2009 年以后，全球金融危机发生以后，经济上暴露出许多问题，这些问题的根源在哪里？习惯的思维就是因为需求侧出了问题，需求不足。需求侧主要是三个因素：投资、消费、出口。因为这三方面不振所以经济上出现了速度下滑以及其他一些问题。

从这样的观点、角度去考虑问题，得出的答案是增加需求。增加消费需求也碰到很多困难，设法增加出口需求也碰到很大的困难，最容易办的、政府也比较有能力去做的是增加投资，叫作“扩需求、保增长”。但是这个办法看来是有局限性的，甚至它会引起一些副作用。比如2009年四万亿投资、十万亿贷款下去后，经济增速马上就回升了。可也有一些副作用，最近两年副作用表现很大，主要是两个方面，第一是投资回报递减。在2009年的时候四万亿投资、十万亿贷款下去马上增速就回升三个甚至四个百分点。但是近年来效率递减，同样的刺激力度，但是回升的很少而且持续的时间很短，甚至到了最近这一年投资下去了GDP增速没有变化。用增强需求的办法去解决问题效果越来越差了。

另一方面，我们如果靠投入资源去解决问题，可我们又没有那么多的资源，资源越来越紧缺，投进去的是什么呢？就是票子、就是债务、就是寅吃卯粮，这样使得国民资产负债表，整个国家的资产负债表包括政府的资产负债表、企业的资产负债表和居民资产负债表杠杆率越升越高，特别是整个企业界杠杆率远远超过了欧盟所规定的90%的水平，这样某些环节上越来越出现债务危机和资金链断裂，如果这种情况继续发生而且发散开来会影响整个国民经济的稳定出现所谓系统性风险。这样对于从需求侧去看问题、从需求侧去找解决的办法大多数人失去了信心。

对于经济学界来说，这样观察宏观经济长期问题的方法和解决长期持续增长问题所用的这些措施是不恰当的，本来经济学界是有定论的，可是对于社会各界来说认识这种方法的偏差有一个过程。在今年看来，各界在这个问题上是否达成了共识，特别是上个月的中央财经领导小组的会议上，党和政府的领导都明确了一点，就是要从供给侧去分析问题的根源，从供给侧采取措施。

供给侧主要也是三个因素，从长期经济发展趋势来说，经济学的普遍共识是应该从供给侧的基本因素去分析，从供给方面去看增长，主要的因素是三个：第一个因素是投资，投资就是新增资本；第二个因素是新增劳动力；第三个因素是效率提高。

近年来因为城市化过程到了后期，一般的技术水平和先进国家的差距大大的缩小，不可能用简单的购买和引进的办法来提高技术水平，这方面的拉动增长的可能性就逐渐地在消失，加上刚才说的投资已经引起了消极后果的积累，也不能再大量用这个办法保持供给的增长。这种情况下要改善供给方，最重要的是提高效率，其中一点是三个基本供给驱动因素中着重在第三个因素上，就是效率提高上下工夫，这是非常重大的转变。对它的积极意义怎么估计都不过分，这是我的第一点意见。

第二，怎么能够改善供给？其实改善供给的问题在党和政府的一些决定里，早在20年前就已经出现了，这就是第九个五年计划，第九个五年计划规定了要进行增长方式从粗放增长到集约增长的转变。什么是从粗放增长到集约增长的转变呢？当时在普及宣传“九五”计划的时候，其实说了很多，不过后面慢慢人们就忘了，其实所谓粗放增长就是主要依靠投资实现的增长，主要依靠投入资源实现的增长。所谓集约增长就是主要靠提高效率实现的增长。在1995到2000年的五年计划里就要求实现这个转变，用现代的话来说就是改善供给、供给侧的改善。

为什么“九五”计划就做了规定，到了现在已经过去了20年又重新提出这个问题呢？就是方法上可能不当，可能不够有力。在“九五”计划，中共中央在1995年做出的制定“九五”计划的建议里说的清楚，增长方式的转变要跟另外一个转变一块进行，另外一个转变就是体制的转变。所以“九五”计划所规定的转变叫两个“根本转变”，第一个根本转变是增长方式从粗放增长到集约增长的转变；第二个转变是经济体制从计划经济到市场经济的转变，而且说得很清楚，第二个转变是第一个转变的基础。

在“九五”计划期间，因为十四届三中全会以后的改革正在进行，应该说体制的转变在一定程度上推动了增长方式的转变。但是到了“十五”计划，这两个根本转变都大大的减弱了。虽然 2003 年十六届三中全会决定要推进改革，要完善社会主义市场经济体制，但是实际上“十五”期间热衷于大投资，所以增长方式其实是更加的粗放。

到“十一五”又重提要把增长方式的转变作为“十一五”工作的主线，但是这方面进展一直不够快，原因就在于改革推进得不够。政府习惯于遇到经济问题就想办法从需求侧解决，靠投资拉动来解决问题，而且即使注意到供给侧的时候往往也采取计划经济的办法，政府出手来改变供给结构、改变供给的体系，用这样的办法。

比较突出的是全球金融危机发生后，发展战略性新兴产业那一拨运动，那是供给侧的改善，使得供给结构有所变化，使战略性新兴产业能够发展起来，能够提高整个经济的效率，但是用的办法在相当程度上是用的政府出手、政府起决定性作用来配置资源，大量的给企业补贴来发展光伏产业、LED 产业等等，而不是用市场的方法，即使是认定了问题出现在供给侧，要改善供给也有两种不同的办法，在我看来，正确的办法是建立有利于创新创业的制度体系，通过市场化、法治化、国际化这样的制度体系来推动供给侧的改善、供给体系和供给结构的改善。

所以面对要改善供给的时候也需要注意，要坚持市场化、法治化的改革，要用能够支持激励创新和创业的体制去推动实现结构的改善。

第三，政府、企业和社会要共同来推动改革，来实现这样的改变。所谓突破变革的关口，就面临着供给侧它的体系和结构的变革，更重要的是经济体制和法治建设这方面的变革，而这些变革都需要我们共同来做好，政府就要像十八届三中全会所说的那样，把它应该做的事情做得更好。

譬如说要在供给侧鼓励创新，政府最重要的还是要建设稳定的宏观经济环境，要建设好的法治化的市场体系，而不是直接地去确定攻关的内容，确定技术路线，去给企业许多补贴，甚至是已经到了竞争后的阶段，继续给一些企业补贴，这样削弱了市场的竞争。

我们所有的企业都应该是变革的积极参加者。这项变革，市场化、法治化的变革对于某些企业的既得利益是有影响的，但是对于长远的发展，对于企业长远发展、对于整个国家健康发展是有好处的，所以里面就有取舍的问题，是不是支持这样一些能够损害自己的短期利益的改革，全力的进行支持还是阻挠，去阻挡改革的实现。

另一方面，企业家要做出准备，要适应新的经营环境。过去因为体制不健全，所以就有很多特殊政策或者政策优惠等等。但是为了推进实现供给侧的转变，能够使得经济持续稳定地向前发展，一定要建立刚才说到的市场化、法治化、国际化营商环境。这样的营商环境下，或者说十八届三中全会所说的统一、开放、竞争、有序的市场下，从事你的业务活动，而且能够把企业办得很成功，不是一个很轻松的事情，因为你不能再依靠政府给你的特殊政策、特殊优惠去赚钱，你只有靠提高核心竞争力、提高适应消费者需要的能力去把企业做到成功，这是需要花力气的。

政府、企业和整个社会共同来过这个关，我相信我们能够创力量，能够突破变革的关口，保证中国的经济能够持续稳定地发展！

供给侧改革的关键在于搞对投资结构

复旦大学新政治经济学研究中心主任　史正富

要尽快切断经济下行与产能过剩的恶性循环

2007 年以来的问题实质是全球产能过剩，背后是资本积累过剩。资本在实体经济中找不到有利的投资机会，就涌入金融衍生品开辟的虚拟经济中。在泡沫破灭、整个经济体系面临崩溃之时，全球央行只好祭起大规模货币宽松的旗帜，但这一步现在也走不下去了。全球央行放出了天文量级的流动性，但钱流不进实体经济，不过是把金融泡沫又吹起来而已。

今天，又再次面临泡沫破灭的风险。索罗斯说："35 年的牛市要走到头了！"斯蒂格利茨说世界经济进入"大疲软"；近日，连美国前财政部长的萨默斯也提出了世界经济的长期停滞（Secular Stagnation）！

美欧各国政府还有什么办法呢？白宫预算与管理办公

室前主任斯托克曼说："这次的华尔街泡沫是靠美联储恶意发行大量空头货币吹起来的，基础并不是真正的经济增长……大量增加的流动性不但没有刺激银行贷款或者企业支出，反而一直被困在华尔街的深渊之中，正在发酵成又一轮无法持续的泡沫。这轮泡沫一旦破裂，美国银行将不会再得到像2008年那样的新一轮救援方案。相反，美国将会堕入一个零和紧缩与恶性政治冲突交织的时代，就连目前这种经济增长的微小残痕也会消失殆尽。"

这样一种全球长期停滞的背景，对我国发展意味着什么？

我国经济增速下行已经4个年头了。这本是由过去高增长的老常态向未来中高速增长的新常态转型调整的过渡期中必然要发生的现象。但是，有迹象表明，经济连续减速正在引发经济下行与产能过剩的正反馈机制，即产能过剩致使经济下行，经济下行则使产能过剩进一步加剧，而加剧的产能过剩又使经济下行势头更猛，由此形成经济下行与产能过剩的螺旋式轮番加剧。

若无有效对策，结果可能将是包括煤、钢、电、铝、化工、建材、建筑、工程机械、运输工具等主体工业部门的垮塌，即普遍性生产过剩的经济萧条，并将引发金融系统性风险的爆发，社会秩序大面积的瓦解，经济将陷入萧条与停滞。届时，中国经济与全球经济的停滞萧条相互震荡，后果不堪想象！

因此，现在到了我国尽快结束转型调整的经济下行期，用新的发展战略迈入中高速增长的新常态的时候了。

关键是搞对投资结构

中央提出了在总需求管理的同时，着力加强供给侧结构性改革。但究竟什么是我国真正需要的供给侧改革呢？显然，供给侧改革首先要能切断经济下行与产能过剩相互推动的恶性循环，而这就必须创造对过剩产能行业的有效需求，适当提高过剩行业的产能利用率（这与淘汰部分过剩产能并不矛盾）；同时，供给侧改革在长期中又要推动经济结构的调整、升级与优化，提高供给体系的质量和效率。

而这就要求对生态环境、能源资源、劳动队伍、材料装备、技术研发、前沿科学等广义生产要素和国家战略性资产进行持续有效的资本投资。即使对某些行业需要适度淘汰、减少部分过剩产能，但对留存下的产能仍有技术与管理升级的任务，而这也同样离不开投资。

总之，对过剩行业不能再搞规模扩张性投资了，但对提高供给体系长期能力的基础性生产要素和资产则要大规模持续投资。

重要的是，对基础性生产要素的投资恰好又能立即提高对过剩行业的有效需求！搞对结构的投资其实既有短期需求侧功效，又有长期供给侧功效，是同步解决当前经济困难和推动新一轮长期经济强劲增长的关键。

搞对投资结构，呼唤双轨投资

现实地说，现在到处都是产能过剩，能够带动经济结构调整的投资机会在哪里呢？

政治经济学认为有两类投资机会。一类是市场导向、企业利润驱动的投资机会，其特点是投资具有明确的收益排他性（谁投资谁受益）、投融资的顺周期性和投资周期的短期性。这种微观—逐利性投资的周期性波动是造成经济周期性危机的关键力量。

另一类是国家战略导向、整体利益驱动的投资机会。它是指国家从长远发展战略角度考虑，对国民经济长期稳健发展必不可少的重大工程或领域，具有规模大、周期长、不确定性高和投资效益具有外溢性等特点。

我国作为社会主义市场经济国家，应同时发展上述两类投资。主流经济学把宏观—战略投资与微观—盈利投资对立起来，强调二者之间的“挤出”效应。但事实上，这两类投资也有互补与互强的关系。只有宏观—战略投资到位，基础设施与战略性生产要素得到保障，微观—盈利投资才能有效运行；反之，也只有微观—盈利投资活跃，企业的竞争与创新活力得到激发，市场规模持续扩展，宏观—战略投资形成的基础设施与要素产能才可能充分发挥作用，投资也才可能获得合理回报。

在发达国家，有过美国20世纪对全国州际高速公路系统的投资；日本战后起飞时，也有在产业政策引领下对重大基础建设和后来对集成电路等的战略性投资。中国改革30多年经济奇迹的一个重要原因，就是由国家引领、分权型地方政府与开发性金融机构共同参与，实施了大规模基础设施建设和产业升级推动。这段历史实践，就是用宏观—战略投资引领微观—盈利投资、实现双轨投资同步互促，创造出“中国奇迹”的经典案例。

上述两类投资中，宏观战略投资是我国制度优势所在。其内涵包括：第一，把过剩的产能转化为短缺的基础性生产要素的投资。第二，把过剩资本转化为保障低收入群体正常需要的民生资产。市场经济本身必然产生收入分配两极分化。而收入再分配仅靠税收与福利支出是难以持续的。因此，应该考虑通过国家行为打造某种民生资产，即该类资产产生的收入定向用于增加低收入群体的收入与消费。

上述宏观—战略投资的合适领域是很多的，举例如下。

一、生态资产与生态中国：通过大西线调水和“西水东调”等方式，至少在大西北增加1000亿立方米以上的淡水供给；通过统一规划与有序投资，实现我国重大水系的互联互通；与水利工程结合及其在陕—甘—内蒙等地区的流域治理，与南疆太阳能开发、咸水改淡和人口增加相结合的大规模改地；以及南方丘陵坡地利用率的提高等，至少增长2亿亩的可用地；通过南疆开发与西部造林的战略行动，有效控制和减少沙漠面积。

二、能源资产与节能减排：转向自主的清洁能源，优先发展新一代核能和万亿度规模的太阳能为主的电力生产和新型智能电网，减少对国际油气的依赖度；缩小煤电规模和减少“煤基污染”，抓紧车用电池的产业化，彻底解决汽车尾气的污染问题。

三、技术资产与产业升级：这是指统一布局国家研发体系建设，实现中央、地方、企业在科技创新和商用生产上的战略合作；推动中国制造走向中国精造和中国创造。

四、人力资产与共富中国：通过央、地、企合作的培训体系，打造亿级的德国式专业—技能型劳动者队伍；开发新人口红利，提高劳动收入占比。

五、民生资产与民生中国：通过亿套级社会保障性住房、全民医保、义务教育和全民财产性收入所依托的长效资产（有稳健现金流的长期资产）的布局，对冲当代市场经济中新的收入分配两极分化。

六、西部开发与平衡中国：上述生态环保、能源资源等基础生产要素的投资新基础设施主要布局西部，能发挥西部比较优势，更能使西部可持续发展。

七、"一带一路"与全球中国：在"一带一路"的实施中，借鉴发达国家经验，探索国家安全与经济发展的结合之道，例如：1. 建立南海发展集团，投资岛礁旅游与平战两用渔船，对此类渔业合作机构实施引领、培训与保护；2. 建立南疆开发集团，实施塔克拉玛干光热电产业综合发展，形成数百万级移民人口为主的城镇群落，既提供巨量清洁能源，发展社会经济，又改变人口比例。

宏观—战略投资的资金筹集与实施

为此，宏观—战略投资的实施主体应该力求创新。借鉴股权投资基金行业的经验，一个可行的办法，是设立担负国家战略使命的准市场型战略投资基金体系。其要点是：

1. 在基金下按不同领域及其同一领域的不同地区，设立若干专业性子基金。

2. 中央银行与国家财政提供引导资金，授予基金在金融市场特许融资范围，选择性提供国家信用担保，吸引国内外大机构作基石投资人，吸引社会投资大众作为（优先回报的）投资者，再加上直接在银行间市场发行债券，形成国家战略引领、国家资金牵头、多元资本混合的长期投资基金。

3. 市场化挑选基金管理人，开发使用那些国家部委办局中包括退休仍适宜工作的、具有产业和大型工程 / 企业经验的干才，与资本市场的现代专业人才结合，打造市场化、专业化基金运作团队，建立以国家荣誉和长期经济利益并重的复合型长期激励机制。

4. 完善建立基金投资决策、咨询与审计体系，促使基金体系在总体上达到有效运行。

宏观—战略基金的基础是国家引导资金，这部分不应主要用财政支出来解决，而应活用人民银行资产负债表。具体说，是要对央行资产基础进行结构性调整。

目前，这种以外汇为基础发行人民币的操作在历史上曾有过积极作用，通过稳定汇率提升了我国制造业竞争力，促成了前些年超常规高速增长。而这种操作内在的副作用则是我国无货币发行的自主权，却有持续超发人民币的压力。现在已是弊大于利，未来不再合用，应予改革。

改革办法之一是把央行货币发行基础切换成“国债”，其好处是获得货币发行自主权，但又意味着国债必须与货币需求同步增长，从而将来必导致国债大幅升高，可考虑一部分国债，但不宜全靠国债。

我们认为，更为可行的办法是以上述宏观战略基金中央行出资对应的权益资产作为央行基础货币发行的基础资产之一；由此形成以战略资产、黄金、国债和外汇储备为主的多远复合的央行基础资产。当然，如何把当前20多万亿的外汇储备置换成战略资产与国债等多元资产涉及具体的专业操作，需要深入地技术性设计。

大规模宏观—战略投资的长期回报

就项目本身而言，宏观—战略投资因为投资周期长，故在中、短期难有回报，但在长期中的回报则有稳定、上升、可持续的特点。

首先，宏观—战略投资所形成的资产应该是国家长期发展中需要的战略性、基础性的要素供给能力，它会随着人均收入水平与经济总量的增长而相应增长，对其需求是长期存在的。同时，这类资产的收益具有固定收益的特点，并不依赖竞争性行业中必需的企业家精神；而且，这类资产的收益水平往往与人均收入水平正向相关，因此具有资产收益跨时递增的特性。

但就投资的外溢性效果来看，这些战略投资可以说一投资就有回报。因为它很大部分是超级工程，直接拉动对过剩产能的需求，可以缓解这些行业的过剩程度，减轻产能压缩的难度；其中属于科研投资和劳动力升级培训投资的部分，则能增加收入从而拉动消费及第三产业发展。

总之，由宏观战略基金对国家长期发展必须的战略性基础资产进行开发性投资，在当前，可以显著提高宏观有效需求，抬升经济增长的底部；在长期呢，更是具有良好回报的超级投资机会。

尽快进入中高速增长的新常态

总之，要尽快结束三期叠加的经济下行期，尽快进入中高速增长的新常态，急需实施需求侧与供给侧同时发力的政策组合，而最佳选项就是投资，即把结构搞对的投资。为此，需要以更加宏观、长远的视野来理解结构与增长的辩证关系。在调整期讲“稳增长、调结构”；进入新常态时，则可讲“调结构、促增长”。其意思是：通过发挥投资的关键作用，用宏观战略引领的结构性投资带动产业、生态、能源资源、收入分配等诸种经济结构的调整优化，从而增强国民经济长期增长的潜力，提高经济长期增长的水平。

供给侧改革要优先发力五大领域

国务院发展研究中心原副主任　刘世锦

供给侧改革也有宏观和微观之分。供给侧改革不排除宏观政策的必要调整，比如采取供给学派所强调的减税等措施，但重点还是在微观层面，通过实质性的改革措施，进一步开放要素市场，打通要素流动通道，优化资源配置，全面提高要素生产率。具体地说，优先和重点的改革领域包括如下几项。

第一，对减产能要采取果断管用办法，在一定时间内取得实质性进展。理想办法是通过市场化的优胜劣汰挤出过剩产能，但在现有体制条件下，尤其对国企占主导地位的重化工业领域，市场机制作用有限。可考虑由国家层面确定减产能总量，按现有产能将减产配额分配到各地，同时允许配额交易，这样优势企业可以不减，还可以去买劣势企业配额。同时在解决“人”和“债”的问题上出台得力政策，如将部分国有资本转入社保基金，解决职工安置问题；对相关银行坏账允许核销等。同时要推动优势企业主导的市场化兼并重组。

第二，进一步放宽准入，加快行政性垄断行业改革。放宽准入，既要“放小”，更要“放大”，在行政性垄断问题突出的领域，如石油天然气、电力、电信、铁路、医疗、教育、文化、体育等领域，引入新的投资者，鼓励和加强竞争。有的领域，表面上看投资已经不少了，如果放宽准入，还有降低成本、提高效率的很大空间。我们现在最需要的，是那些能够真正提高效率的投资。

第三，加快城乡之间土地、资金、人员等要素的流动和优化配置。中国的城市化还有很大发展潜力，但重点不在现有的大城市，而在大城市之间。要把以往的孤岛型城市转变为网络型城市，进一步拓展城市带、城市圈，在大城市之间带动大量小城镇发展，推动互联互通和基本公共服务的均等化，带动人口居住和产业布局的再配置，由此将可引出可观的基础设施和房地产投资机会。农民要进城，城里的人员、资金等也有到小城镇和下乡的意愿，要下决心打破城乡间土地、人员、资金等要素流动、交易、优化配置的诸多不合理体制和政策限制。农民所拥有的资产只有在确权的基础上允许流动、允许交易，价值才能充分显现，利益才能得到真正维护。

第四，加快产业转型升级、精致生产。尽管服务业比重超过制造业，但制造业仍然是国家竞争力的核心所在。服务业中发展潜力最大的生产性服务业，直接服务于制造业转型升级。必须牢固确立制造立国的理念和政策导向，推动制造业由粗放经营转向精致生产，倡导“工匠精神”，把活做精做细，提高附加价值比重，向全球价值链的中高端提升。借鉴日本等国的成功经验，全面实行加速折旧政策，此举相当于向企业减税，同时起到促进设备更新、扩大投资需求的多种效应。

第五，尊重创新规律基础上培育创新环境。与模仿为主的发展相比，创新面临的不确定性大大增加。必须通过市场上的大量试错，提高创新成功的概率。创新从本质上说是很难规划的，最重要的是着力创造有利于创新的环境，包括保护产权特别是知识产权，稳定企业家、科研人员的预期，排除泡沫经济的扰乱，促进创新要素流动，培育人力资本，改造金融支撑体系等。要把培育创新环境与地方竞争结合起来，推动形成若干个有吸引力、影响力的创新中心。

以上重点领域改革，集中于要素市场，这将是供给侧改革的主战场。必须加快推进要素市场改革，一方面使过剩产能、低效无效要素出去；另一方面，使有竞争力的、创新的要素能进来，通过生产要素的进一步解放、流动和优化配置，攻占经济生活中仍然随处可见的低效率洼地，形成全面提高要素生产率的新格局。

供给侧改革不等于简单减税

中国人民大学国家发展与战略研究院执行院长　刘元春

自从2015年底中央经济工作会议提出“推进供给侧结构性改革”以来，学术界热衷于用各种经济学流派的观点加以解说，其所形成的滔滔之势反而混淆了供给侧结构性改革的真实目标、内在逻辑和理论机理。澄清认识误区，正确认识供给侧结构性改革的理论基础，对于深入贯彻落实这一改革举措具有极为重要的意义。

对供给侧结构性改革存在理论误读

对供给侧结构性改革的误读，其理论来源大致包括以下几类：一是以萨伊定律为核心的新古典理论；二是以传统供给经济学为内核的新供给经济学；三是以发展经济学为核心的各类结构主义；四是以保守主义、货币主义以及供给主义为核心的里根经济学和撒切尔主义；五是以华盛顿共识为核心的新自由主义结构性改革理论；六是以产权理论和制度创新理论为核心的新制度主义。但是，这些理论都不能成为中国供给侧结构性改革的理论基础和工具箱，主要原因是：

萨伊定律所倡导的“供给自动创造自身的需求”“宏观经济不需要进行需求管理”等主张，与此次国际金融危机的爆发机理相冲突。从萨伊定律出发，市场不可能出现全面的生产过剩，这与目前大规模的产能过剩显然并不一致。萨伊定律所提出的政府不干预原则，也显然难以治理当今时代的经济问题。

供给经济学应对的核心问题是20世纪70年代西方国家出现的失业与通货膨胀并存的“滞胀”问题。然而，目前中国经济并不存在“滞胀”。中国经济所面临的几大问题集中体现在国际金融危机冲击下的外需下滑、基本增长动力源变化导致的增速下滑、产能过剩以及制度性与机制性问题累积下的结构扭曲等方面。供给学派所开出的减税和削减福利等药方，并不能解决中国的问题。

结构主义兴起于20世纪50年代，主张用国家干预和大规模投资等措施来突破落后国家在“低水平均衡”上所面临的各种瓶颈性约束。其实质是主张干预主义和非均衡主义，明显与中国完善市场机制、促进均衡发展和进一步扩大开放的改革目标相冲突。

里根经济学和撒切尔主义是哈耶克的保守主义、弗里德曼的货币主义以及拉弗的供给主义的混合体和变种，其在所有制上的完全私有化、在运行上的完全市场化不仅与中国主流意识形态相冲突，与中国持续改善民生、促进共同富裕的目标相背离，而且难以解决中国面临的复杂问题。

华盛顿共识以“快速私有化、快速自由化以及宏观平衡”为内容，拉美和东欧的结构性改革已经证明了华盛顿共识的失败。因此，以之为核心的新自由主义结构性改革不仅在政治上不具有可行性，在经济上也存在致命缺陷，它所开出的药方自然不是解决中国问题的良方。

新制度主义虽然抓住了改革在本质上是一场制度创新这一要点，但其简单的私有化逻辑难以适应当前中国多层次的供给侧结构性改革。中国供给侧结构性改革肩负的“宏观稳定 + 消除扭曲 + 新动力机制培育”的大改革大调整任务，需要超越简单的产权体系改革。

深入研究这些理论误读，可以发现它们存在共同的问题和困境：

一是简单分拆供给侧结构性改革，将“供给侧”等同于供给经济学，“结构性”等同于结构主义，“改革”等同于制度主义。这种简单化表象化的理论解读具有很强的误导性，容易使公众认为中国供给侧结构性改革等于简单的减税、简单的私有化和市场化或者简单的政府管制或计划。事实上，这些简单化的政策主张都没有抓住中国供给侧结构性改革的核心任务，甚至与之南辕北辙。

二是先验假定需求管理和总量管理失灵了，因此各类政策应从需求侧管理全面转向供给侧管理，理论基础应当彻底转向各类反凯恩斯流派。这种观点显然忽视了一个基本事实——此次以美国次贷危机、欧洲主权债务危机和新兴市场汇率大动荡为主要内容的国际金融危机和以大宗商品价格下跌、工业品市场萧条、新兴经济体产能过剩为主要内容的国际实体经济危机与上述理论流派所适用的

20 世纪 70—80 年代的“滞胀”具有本质性的区别；中国经济面临的问题同样不是“滞胀”问题。中国供给侧结构性改革不仅不拒绝需求侧管理，而且在很多环节需要需求侧管理进行配合。

正确认识供给侧结构性改革需把握三条原则

跳出西方经济学的桎梏。必须超越各种类型的凯恩斯主义和供给经济学的对立与争论，跳出“用需求管理来处理需求问题”和“用供给管理来处理供给问题”的二元主义困境，强化结构性视角、制度性视角和增长模式转换视角。在短期，应关注市场失灵带来的供求失衡问题，以政府适度干预对冲世界经济波动带来的外部冲击，以内需适度扩张弥补外需下滑带来的需求缺口并缓解产能过剩。在近期，适度启动供给侧调整，利用“看得见的手”和整体规划积极处置僵尸企业。在中期，全面实施结构性改革，从制度层面重构市场，释放市场活力，推动政府主导型结构调整逐步过渡到市场主导型结构调整，避免政府过度干预。

超越左和右、市场与政府的简单分类。不能把供给侧结构性改革归结为以“市场化 + 私有化 + 自由化”为核心的新古典思潮，也不能归结为以“整体主义 + 政府干预 + 部分计划化”为核心的左派结构主义。必须清晰地看到，中国目前面临的深层次问题不仅仅根源于市场失灵或政府职能转变不到位，而是二者在不同层次的多元叠加。因此，有效之策不是简单地利用政府干预甚至计划模式来取代市场以治理市场失灵，也不是以彻底的市场化来替代政府，而是针对不同问题采用不同工具进行综合治理。

既着眼本国实际，也具备国际视野。把本土视角与世界视角结合起来，就不会把中国面临的结构性问题简单归结为全球分工体系重构，而会看到沿用了多年的外向型发展战略及其相关政策和制度已经难以适应现今我国和世界经济发展要求，战略重构以及调整相应政策和制度是供给侧结构性改革的关键；同时也不能简单强调中国路径的特殊性，将本次结构性调整独立于世界分工体系和世界经济再平衡之外，而应在全球产业链重塑中找准自己的目标和定位。

中国特色社会主义政治经济学是供给侧结构性改革的理论基础，跳出认识局限和理论误读就可以清晰地看到，供给侧结构性改革是基于中国实践的理论综合性集成创新，是中国经济和中国模式在新时期的一次探索性改革和调整，其指导思想和理论基础必须顺应世界经济发展潮流，适应中国经济转型升级的历史使命，能够提供解决中国经济面临的突出问题的科学答案。正如《人民日报》文章《七问供给侧结构性改革》中权威人士所言，“推进供给侧结构性改革，是以习近平同志为总书记的党中央在综合分析世界经济长周期和我国发展阶段性特征及其相互作用的基础上，集中全党和全国人民智慧，从理论到实践不断探索的结晶”。因此，供给侧结构性改革的理论基础是也只能是中国特色社会主义经济理论在新时期的创新发展，具体而言就是以新常态理论为创新内容的中国特色社会主义政治经济学。以此为基点，正确认识和推进供给侧结构性改革应把握好以下几个方面。

以最大限度解放和发展生产力为目的。从社会主义本质论出发，供给侧结构性改革的目的是最大限度解放和发展生产力，其核心标志是不断提高资源配置效率，不断提高全要素生产率，不断提高全体人民的福利水平。在供给侧结构性改革中，解放和发展生产力包含多重任务：从长期看，实施创新驱动发展战略、推进各类创新是发展生产力的根本之举；从中期看，推动产业从中低端迈向中高端是发展生产力的核心步骤；从中短期看，克服各类市场失灵和政府失灵、防止经济增速过快下滑是发展生产力的核心内容；从近期看，以去产能、去库存、去杠杆、降成本、补短板为核心内容的五大歼灭战是发展生产力的切入点。

以是否形成激励相容的动力机制为检验标准。按照政治经济学的生产关系理论，各种生产关系、社会关系和政治关系归根结底都是利益关系。要建立适应生产力发展的制度体系，就必须充分发挥社会主体的作用，建立激励相容的动力机制，通过协调各种利益关系，形成利益和谐共容的生产体系、分配体系和交换体系。因此，检验供给侧结构性改革是否有利于生产力发展，最为直接的方法就是观察其是否有利于发挥各社会主体的能动性，是否形成了激励相容的动力机制。

把握促进经济增长的多层次举措。从政治经济学的增长理论来看，经济增长的动力不仅来源于资本、劳动力和其他要素的投入，更为重要的来源是技术和分工水平的提升。增长阶段转换体现为产业体系升级，并会出现生产关系以及上层建筑的调整和局部性的革命性变化。因此，促进经济增长的举措包含多个层次：一是保持经济平稳健康运行的宏观经济政策；二是基于要素投入的各种要素市场促进政策；三是有利于提高全要素生产率的各类改革；四是有利于分工水平不断提高的结构性政策；五是有利于发展生产力的各类创新战略。这些多层次的增长促进举措构成推进供给侧结构性改革的政策环境，显然有别于西方经济学各种流派所开出的药方。

构建新型所有制模式。按照中国特色社会主义政治经济学的所有制理论，生产力发展受到阻滞，意味着生产关系特别是所有制体系方面存在与生产力发展不相适应的问题。因此，供给侧结构性改革必须适应生产力发展要求，以国有企业改革为核心构建新型所有制模式。一是通过并购、破产等方式积极处置僵尸企业；二是通过混合所有制改革完善国有经济的所有制基础，切断国有企业与政府之间的各种软预算约束纽带，构建新型平等竞争体系；三是通过建立多层次创新体系，充分发挥政府、国有企业、私营企业在不同创新环节、创新模式上的作用；四是通过实施战略性产业政策，形成适应新阶段全球竞争的市场主体，实现技术与产业跨越式发展。

从整体调整、全面改革、协调发展的角度展开。根据政治经济学市场运行理论，市场供求失衡不仅意味着需求不足或供给过剩，而且表明生产、分配、流通、消费四大环节都出现了问题，是多环节的市场失灵。其中，生产环节中的所有制、企业劳动关系、治理体系以及竞争体系尤为重要，是很多资源配置问题的根源所在。因此，以供给侧结构性改革解决当前的经济问题，必须从生产、分配、流通、消费多环节寻找答案，从整体调整、全面改革、协调发展的角度展开。推进供给侧结构性改革，尤其要从生产环节入手，推动过剩产能化解，促进产业优化重组，降低企业成本，发展新兴产业和现代服务业，增加公共产品和服务供给，提高供给结构对需求变化的适应性和灵活性。

将这些政治经济学原理与中国发展新阶段的实际相结合，在提炼和总结我国经济发展实践的规律性认识、借鉴现代经济学最新成果的基础上，不断丰富中国特色社会主义政治经济学的范畴和理论内涵，就能持续为中国供给侧结构性改革提供理论指导和思想引领。

新阶段中国产业如何创新 *

国家发展和改革委员会宏观经济研究院教授　常修泽

本文主要是基于供给侧的研究，但其中也有需求侧的内容，我认为，研究中国经济问题，两个侧面都不可忽略。当然，研究产业侧重点还是供给的问题。

首先要说明，"烙新饼"这个概念不是我提出的。这是由美国著名管理学家托马斯早年提出的。他那本书的名字叫作《乱中取胜》——回答天下市场混乱，你怎么获胜？诀窍是什么？这本书的副标题是《美国管理革命通鉴》。其中有句话："不要老想分享市场，而要考虑创造市场。不是取得一份较大的馅饼，而是设法烙出一块较大的烙饼，最好是烘烤出一个新的馅饼。"

1994年，我在国家"八五"社会科学重点科研项目《现代企业创新论》中，把市场竞争分为三个不同的等级：

* 本文有删节。

低级的是存量竞争，分馅饼；中级的是增量竞争，烙大饼；最高的等级是创新竞争，烙新饼。围绕着“烙新饼”的问题，讲四个问题。

第一个问题，为什么提出产业创新“烙新饼”？

三个理由：

首先，全球性的新一代技术革命的迅猛兴起。大数据、智能化、移动互联、云计算，即大、智、移、云，这样一个浪潮，正改变着我们的生产方式、生活方式和思维方式。过去我们熟悉的东西感觉到很陌生，过去曚昧的东西逐步在走向文明。这样给我们的产业带来了很大的挑战。

其次，新一轮经济全球化的浪潮掀起。美国人搞的 TPP 和中国人推进的“一带一路”，这种新的全球化的东西，要求中国的产业必须创新，否则你搞“一带一路”，拿什么走出去？

第三，全球性的人本主义的潮流涌动。不只发展中国家，发达国家，也有个追求公平正义问题。中国进入小康社会之后，中国的老百姓想什么？盼什么？有哪些新的需求？都被提到了议程上。十八届五中全会六项原则，其中第一项原则就是“人民主体”地位，把人的全面发展作为发展的根本出发点和落脚点。要有人本思维，这是根本性思维。

从以上三个方面的研究，我认为下一步我们必须推进产业创新——“烙新饼”。

第二个问题，烙新饼的条件："释放新需求"

我在 2015 年 8 月出版的著作《人本型结构论》中，曾提出"需求管理与供给管理相结合的新方略"。在该书中，"需求结构"一章我写了 10 页，而供给结构一章，则写了 61 页。可见，本书更重视供给结构。

2015 年 11 月 10 日，在中央财经领导小组会议上，习近平总书记第一次提出了"供给侧结构性改革"的命题，引起经济界关注。我认为，中国确实应该强调供给侧的研究，但是不能离开需求侧，我还是坚持"需求管理与供给管理相结合的新方略"，主张在供给侧和需求侧两方面作文章。

就下一步产业创新而言，它的一个基本条件——即"释放新需求"。这五个字是十八届五中全会提出的，内涵很深。它表明，中国并非没有需求，但是这种需求被"大石头"压着，需要把石头掀开，把需求释放出来。

当今中国居民消费率跟世界居民消费率的比较，以 2012 年世界银行数据为例，中国的居民消费仅有约 35%，而世界平均水平为 60.4%。2014 年，中国国家统计局公布的中国居民消费率的最新数据是 37%，有所提升，即使如此，我们仍然比全世界平均水平少 20 多个百分点。

居民消费率的过低是中国经济发展中一个制约性的因素，也是"供给侧"必须研究的问题。

老百姓的潜在需求应该是很大的。这次"双十一"，《环球时报》有两篇报道，一个是11日的《“双十一”掀起全球网购热潮》，一个是12日的《中国网上购物潮震惊欧美》。仅天猫商城一家的成交量就为920多亿，接近1000亿。我周围的人在网上买电视，明显就少花600多块钱，确实网购很火。老百姓有消费的欲望，但是有东西压着，中央讲，“释放新需求”，这个“释放”两字值得砸开。就是把压着的东西释放出来。

我这里讲四个点：

第一个是提高城乡居民收入，让民众能消费，有消费的能力，这是基础。为什么需求侧起不来？其中一个重要的问题，就是居民收入水平没有跟上整个国民生产总值的增长幅度。

第二个是建立和完善社会保障制度，敢消费。

第三个是做好消费安全，特别是食品安全，让人们放心消费。

第四个，也是很重要一点，产品及服务的质量和价格。根据最新的情况调查，让老百姓怎么能够实惠的消费？这涉及到产品的质量和价格，服务的质量和价格。那么多中国人到日本买马桶盖，为什么？同样的收入水平情况下，同样的社保水平情况下，同样的情况下，为什么中国人到日本去扫货？这值得我们反思。我们的产品质量是不是过硬？我们的服务质量是不是周到？这也需要作为一个问题提出来。

通过以上四个方面，我们来挖掘亿万人民的消费潜力，客观上是存在消费潜力的，但是现在被压制着。十八届五中全会提出8个字“着力扩大居民消费”。这是需求侧的问题，但是，重点不是投资需求，而是居民消费需求。这是我们下一步研究产业创新的前提条件。

第三个问题，如何实现产业创新？

中国共产党十八届五中全会提出一个新概念，叫作“创造新供给”。如何创造新供给？重点是推动新的产品、新的产业、新的业态的蓬勃发展。根据我们国家 30 多年 3 大产业发展的趋势图，下面我重点讲如何推进产业创新、“烙新饼”的问题。如果用形象的比喻，我建议产业部门应“烙三摞新饼”，每摞有若干张“新饼”。

第一摞“新饼”，要烙出战略性新兴产业。

从民族的长远来说，从我们子孙后代的长远利益考虑，我们要立足于烙战略性新兴产业，这里有七张饼。

第一张是节能环保产业。我们的能源资源比较紧张，环境问题恶劣。因此，作为产业创新，首先就是怎么节约能源和资源，怎么推进环境的保护。我在书中，把节能环保产业作为战略性新兴产业第一位的产业。这里我列了全世界的能源发展趋势图，到现在也到了顶点，之后可能要往下走。因此，节能环保名列第一。

战略新兴产业第二张是信息技术产业，尤其是“互联网 +”。2015 年 3 月 5 日李克强总理在两会上率先提出“互联网 +”这个概念。互联网可以“+”的内容很多，如“+”商业、教育、医疗、金融、出租车等。互联网的本质有三条：一是开放的、反封闭；二是平等的、反特权；三是互联网是分享的、反独占。这样就会改变原有的经济格局。

第三张是装备制造产业，包括高铁装备和核电装备。机器人等智能装备也属于此。我今年考察了新松机器人公司。了解到，中国是当今世界最大的机器人市场，去年销售机器人 5.7 万台。全国每万名工人有 23 台，远低于 58 台的世界平均水平。

第四张是生物产业，包括生物工程。

第五张是新材料产业。前不久，国家主席习近平在访英期间专门考察了石墨烯实验室。据了解，石墨烯材料如果取代硅，有望让计算机处理器的运行速度快数百倍；石墨烯有望引发触摸屏和显示器产品的革命，制造出可折叠、伸缩的显示器件；石墨烯强度超出钢铁数十倍，有望被用于制造超轻型飞机材料、超坚韧的防弹衣等。对此应引起重视。

第六张是新能源产业，包括风能、核能、太阳能。

第七张是新能源汽车产业等，这七个归为一摞饼，这一摞是战略性新兴产业。

第二摞和第三摞是服务业。

2015 年，我们第三产业即服务业增加值 48.1%，创造了中国建国以来最高的纪录。但是，跟全世界平均水平比，我们还差 20 多个百分点，全世界是 70% 多一点。到今年我国可能超 50%，但即使是到了 50%，我们与世界还差 20 多个百分点。所以，服务业大有文章可做。

服务业按照类别，分为两组，一组是“生产性服务业”，为生产服务的服务业，二是“生活性服务业”，为老百姓的生活服务的服务业。当然有的地方划分不是很严格，大体的划分。

我先说生产性服务业。我最看好的是金融服务业。金融服务业也有人民生活服务的内容。第二个是现代物流，第三个是交通，第四个是技术服务，第五个是商务服务，第六个是设计，第七个是人力资源，第八个是节能环保的服务业。节能环保的产业我们放到前面，服务放在这里。以上是八大生产性的服务业。

最后一个是生活性服务业，对群众生活直接服务的服务业门类。根据我个人的调研，在《人本性结构论》中我把大健康产业放在第一，我写了12个字“悠悠万事，惟此为大，健康产业。”这是我个人的评估。我认为，生活性服务业里面，健康产业应该放在第一位。进入到小康社会以后，老百姓吃饱、穿暖殷实之后，老百姓想什么，看什么？健康产业是最重要的。我在参加李克强总理的座谈会上，建议把健康产业放在第一位，有关方面也非常感兴趣，他说美国的健康产业比重17%多，中国只有5%。中改院去年办了一个健康管理学院，有点超前的思维。要发展大健康产业，建设“健康中国”。第二个是商贸服务业，除了传统实体店以外，特别注意电商，发现下一个马云。此外，还有旅游、居民服务、文化体育、房地产、市场化的教育培训，这个培训市场非常之大，红利也很多。

以上是讲“三个饼”，战略新兴产业七个，生产性服务业八个，生活性服务业八个。

第四个问题，产业创新在“烙新饼”的同时，更要“出新人”

既要“烙新饼”，更要“练新人”，这是我研究人本经济学，与物本主义不一样的地方。

我们固然要“烙新饼”，但另外一只眼睛看中的是要“出新人”。

因此，在我的书里说的是“创新双驱动”。我不赞成创新“单驱动”。现在好多朋友讲“通过创新驱动经济发展”，这只是一个方面。另一方面，通过驱动改造人的自身结构、人的素质，进而提高人的价值，特别是年轻人的价值。

这里有一个案例，就是阿里巴巴的马云案例，大家可以研究马云的发展和他的价值。当年在外经贸部信息中心是怎样的马云，现在又是一个怎样的马云。马化腾、雷军都有一代新人的特征。

我自己从2011年开始，支持年轻人、清华毕业生张文军创办“绿金在线”，在我的书中链接了2011年7月13日我在“绿金在线”启动仪式的报告《电子交易促进“五个转变”》。他们把中药材与互联网结合，去年交易规模达1千亿，公司营业收入1.6亿（今年规模要达2000亿）。都是年轻人，在他的身上我也看到一代年轻人在成长，这是我自己跟踪研究的一个案例。我书里详细地讲了绿金在线的情况。

这里我再次提出这样一个命题，“新的技术力量正在创造出新人”，这是美国《旗帜》杂志戴维—布鲁克斯文章中一代“无限制”的新人的观点。

这代“无限制”的新人有何特征？第一，他们是技术专家，是经营管理者，又是艺术家。第二，他们喜欢新概念、新思想、新的思维方式，喜欢变革，喜欢破除传统的东西。第三，他们不喜欢等级制，认为等级、职务、头衔是限制性的，已经过时。他们的思想跟我们现在世俗的东西有明显的突破，他们认为等级也好，头衔也好，职务也好，是限制人自由发展的条条框框，这一代新人在技术创新和全面创新中已经开始冒头。

因此，我建议大家，在研究产业创新的时候，一方面研究中国产业如何“烙新饼”，以促进经济发展；另一方面，研究我们中国如何“出新人”，一批将来能够对这个民族、对这个国家有大用的人才，这是更重要的。

对当前四个前沿经济问题的回答

（一）关于中国如何获取全方位的“创新红利”问题

主持人：常教授，您怎么看现在我们面对的这样一种环境？无论是外部还是内部的环境，现在都急需要创新，这个创新大家觉得从制度体制机制上应该给我们一个怎样的“红利”？

常修泽：这次中央十八届五中全会提出创新，是全方位的创新，具体为四创 +N。第一个是理论创新，第二个是制度创新，第三个是科技创新，第四个是文化创新，此外还有个“等”。但是，从现在的社会来看，现在社会上普遍认为创新就是科技创新。我认为，对于我们中国这个国家，对于中华民族来说，第一位的是理论创新。我们在经济上崛起，已是第二大经济强国，但我们拿什么理论走向世界，成为全世界人民共同信服的思想，让人家佩服？这个创新是一个短板。再就是制度，制度高于技术。

如何从经济领域改革，来推动创新？即如何从制度体制机制上给人们“红利”？有五点：第一，政府改革或创新，这是最直接的，政府得改变过去政府主导的模式。这个问题不解决，创新很难。第二，微观经济，实行混合所有制。第三，财税体制改革，刚才讲到土地税的问题，习近平同志最近讲供给侧结构性改革，我理解，涉及税收制度的改革。你要真的推进供给，就要放活经济，放活就得减税，对企业要减税。第四，金融改革。发展小银行，缓解大银行垄断情况，还有就是要降息、降准，减少成本。第五，除了极其重要价格以外，竞争性行业的价格，包括服务价格、产品价格应该完全放开，现在有些部门利用权力审批这个价格，实际上是利用权力在寻租。如果药品除最关键的以外，其他的都放开，也没有那么大的寻租空间。这次十八届五中全会提出减少政府对价格的控制，竞争性行业的产品和服务价格完全放开，我觉得这是对供给很重要的。这都是供给管理的思路。

（二）关于如何推进“供给侧结构性改革”问题

主持人：习近平总书记在本周也谈到供给侧改革，那么我们应该怎么正确地理解总书记谈到的“供给侧改革”？

常修泽：“供给侧改革”的思路，是习近平同志 2015 年 11 月 10 日在中央财经领导小组会议上提出来的。原话是，在适度扩大总需求的同时，着力推进供给侧的结构性改革，提高经济质量和效益，促进经济健康发展。

根据我的理解，他是针对 2008 年世界金融危机之后，中国当时采取的那种需求刺激方略而言的，当时金融危机来以后，我们用的是刺激需求的对策，促进三驾马车，启动四万亿的投资。首先是扩大投资需求。其次是消费需求。整个中国过去经济发展的思路是在需求管理，特别是在投资需求上，所以，称之为投资驱动型。

未来中国，一方面，继续适度扩大需求，但是着力推进供给侧的改革。我看他的讲话，讲了四条针对性：第一，化解产能过剩的矛盾。我在《人本型结构论》一开始指出，现在产能过剩，有的行业已经到了严重过剩的程度，首先就要化解产能。第二，降低企业和整个产业的成本。第三，化解房地产的库存积压。第四，减少或者是缓解、防范中国经济当中的风险，特别是系统性风险。

我看过他的讲话，有以上四个方面的针对性。今天，在中央领导讲的基础上，可以概括其思路：

第一，我们可以继续扩大需求，特别是扩大居民消费的需求，这点不能动摇。

同时，要转到供给这一侧，产业这一侧。整个国家宏观调控和管理的思路要由过去的需求管理转向“供给管理和需求管理相结合”，而且侧重供给管理，整个思路需要调整。这是思路的变化。

第二，我感觉，需要搞活现有的中国产业和企业，尤其是想怎么样降低他们的成本，给他们创造一个良好的经营环境。现在企业的负担太重。供给侧很沉重，沉重的翅膀飞不起来，要给它减负。

第三，供侧体制改革。唯有供给侧结构性改革，才能促进结构转型。这里包括的内容就是刚才说的财政体制税收体制，如减税。另外，恐怕赤字该有的还得有，我们过去 3% 的赤字底线，是不是继续维持，要不要突破？这都可以研究。

第四，金融，降准降息。这里得有一套属于供给侧结构性改革，这个问题是新的问题，我现在也只是认识到这个程度，供大家参考。

（三）关于值得关注的"结构性失业"问题

主持人：谈到"供给侧改革"，大家很容易理解为加大供应的提供，我们在消费的提供中有一部分是错位，我们一些低端的消费大量的出现，甚至过剩，相反一些高端的消费不能满足人民群众日益增长的物质文化的需要。另外，就业问题如何？

常修泽：经济下行之后，如能保持在 6.5% 以上的速度，就业是值得关注的问题。我最近测算过，如果按照增加一个百分点，150 万年轻人就业，增加 6.5% 以上，大约可以吸纳 900 万～1000 万人的就业。现在大学生一年毕业 700 多万人，包括转业军人，还有城镇的居民就业，约 900 万～1000 万。从总量来看，我个人觉得问题不是很大。但是这里有一个新的问题，年轻人并不是按照你划定的岗位就业，尤其是 90 后，"选择性的就业"，我要挑挑呢，你给我的岗位不一定去。因此，将来总量的问题不大，但结构的问题较大。

（四）关于大众创业：我提五条建议

因此，在这样的背景下，如何让年轻人创业？我现在觉得，提就业创业非常好。要创业的话，我简单地提五条：

第一，行政体制一定要改革，条条框框必须打通，给青年人创业一个非常好的行政体制。

第二，创业资金。刚才大家多说到资金，发展中小型的基金。我寄希望于民营的小银行，他们的服务对象就是对着小微企业、对着创业者，而且还有"众筹"、"众包"，利用群众的力量解决资金的问题。

第三，人才。刚才说到户口，户籍的制度要改革，尤其是城里的创业者要解决户籍的问题，大约未来 5 年，我们 1 亿人应该能够解决户籍的问题。

第四，保护知识产权，那么多的年轻人创业，创出成果来，一下子被复制了，或者是扩散了，如何保护？很多的案例很令人痛心的。因此国家鼓励创业者的同时还要鼓励创业者的成果。

第五，要创业、创意，需要“思想放飞”。这就需要“心灵的自由”。尤其是像创意产业，我到北京 798 去看，那些人异想天开，你得让他们异想天开。所以，根本的问题是我们让创业者心灵放飞。

第四章

全面解读，供给侧改革的挑战与机遇

调整供给侧，国企改革要跟上

北京大学光华管理学院名誉院长、教授　厉以宁

2015 年国家统计局第三季度的公报中透露出一个重要的信息，是什么呢？就是第三季度，我们第三产业的产值已经占到了 GDP 的 51.4%，这是有重大意义的。

因为从人类经济发展阶段来讲，一般要经历三个阶段。第一阶段是农业社会，第一产业占主要位置；第二阶段为工业化时期，第二产业占主要位置；第三阶段为后工业化时期，以第三产业为主，占到 50% 以上。发达国家经历过这样一个飞跃，他们的第三产业在经济中占比达 60%～70%，甚至比 70% 还要高。

中国现在已经进入到一个转折点，第三产业产值占比已经超过了 50%。在这个过程中，中国有中国的特殊情况：我们的工业化并未完成，仍处在工业化时期，要继续推进工业化。工业化完成的标志是什么呢？从一个大国来讲，通常是这样一个标准，即高端的制造业，特别是成套

装备的制造业居世界领先地位。我们离这个标准还有距离。有些企业界的同志跟我说，我们要更换设备。我们更换设备的时候，主要考虑什么呢？主要考虑是在德国买，意大利买，还是在日本等国买？没有人问，我们是在上海买，在哈尔滨买，还是在天津、在北京买？我们只是制造业大国，还不是能够在这方面具有领先地位的制造强国。

农民的知识结构正在变化，新的人口红利正在产生

怎么完成工业化？第一，加快创新。创新才能够支持我们不断走向高端的制造业，走向成套装备的制造业。这是当前第一个需要做的。第二个需要做的，就是必须在这个过程中继续发展第三产业。发展第三产业的好处在哪里呢？它解决了就业问题。第三，我们的人才要更新。中国的人口红利已经没有了，中国的人口红利来源于过去廉价劳动力占多数。廉价劳动力现在枯竭了，新的人口红利正在产生。

我们在几个省份考察，比如我的家乡，江苏扬州的仪征市，那里的田都是很好的良田，现在仪征的农民都到外面去帮人家理发、搓澡、修脚去了，因为收入高；仪征的田谁来种？苏北农民。我在浙江考察，杭嘉湖一带，农民不种地了，去做小微企业去了，经商去了；地谁来种？安徽农民。这就意味着农村正在发生一个巨大的变化，农民在学技术。

我在丹麦考察时，和一个农业职业学校的校长交谈。我问他：

你这个学校培养什么呢？他说：我们培养的是家庭农场接班人，因为家庭农场主年纪都大了，自己的孩子必须要懂农业技术、懂管理经营。这种情况也正在中国发生。我们在几个地方都看到农村在办各种培训班，第二代农民准备接父亲的班来经营家庭农场，这就意味着农民的知识结构在变化，这是中国未来的新现象，新的人口红利从这里产生。

我们在国内考察时发现，职业技术教育已经热起来了。云南楚雄办了大量的职业教育学院，提供很好的设备，向沿海输送技术人才。贵州的毕节学院原来是一个普通的大学，现在已变成了一个职业技术学院——贵州工程综合学院；原来，毕节学院的学生不好找工作，现在，90% 以上都是企业订购了，往沿海输送人才。

我们怎么样使制造业能更上一层楼呢？依靠年轻人。你们到北京的中关村看看，到北京大学周围看看，新成立的咖啡馆，每天都坐满了人。有大学生、研究生、年轻教员，还有中国科学院一些年轻的研究员，还有民营企业家。他们在谈些什么呢？谈创意、创新、创业。

美国《华盛顿邮报》几年前刊发的一篇文章中就提到，中国将来的前景，不是看 GDP 增速，也不是看 GDP 总量，而是要看年轻人在多大程度上参与创意、创业、创新。这和 30 年前美国的情况一样，当时比尔·盖茨这些人都是大学周围咖啡馆的常客，这就是中国的变化。当然，我们需要有大量的技术人才、专业人才，要有大量参加创新的接班人。

供给侧调整三大内容：部门结构调整、区域经济结构调整、技术结构调整

现在强调互联网，强调互联网的精神，强调创新的驱动，都符合规律。因为中国现在正提出一个问题，就是供给、需求两方面发力。两方面发力，能够把我们的宏观经济搞得更好。因为需求调节是解决近期的问题，比如经济过热了，抑制需求；经济冷了，刺激需求。多年来大家就是这样做的。供给的调节，长期不在主流经济学的范围之内。

增加供给靠什么？技术创新。没有创新，没有新的供给，市场打不开。我们长期是需求方面的调控，需求调控是近期调控，因为它解决的是近期的问题，而供给调控是中长期的调控，中长期的管理一般需要好几年，甚至十年。

供给调控什么内容？三大内容：第一，部门结构调整，该淘汰的淘汰。第二，区域经济结构调整。第三，技术结构调整，应该把新技术放在前面，这样的话，供给的调控才能完成。

需求的调整和供给的调整是互动的，两端都发力，这属于一个中长期和短期、近期调控的配合，中国需要过这一关。

这一关在什么地方？从供给方面讲，实际上就是国有企业改革要加快，因为通过国有企业改革加快，国有企业除了要害部门以外，一般的竞争性行业进行混合所有制改革，国有资本的限额没有，因地因行业而异就好。推动了混合所有制，企业就有独立生产经营，它来进行结构调整。结构调整，宏观上的作用必须和微观的

作用配合在一起，没有企业作为自主经营者，是没法搞的。在这个过程中，我们还应该看到，最近一些新的政策，采取共享制度，就是职工持股制度，把骨干工人稳住了，留住了，而且是非终身制，岗位变了，股权就变了。这样的话，能够真正调动积极性，共享经济也能够实现。

共享经济的概念怎么来的？从经济学中自然引申出来的。大家知道，在经济学家中有一个共识，物质财富包括利润，是物质投资者和人力投资者共同创造的。既然是两者共同创造的，为什么利润的分配只归物质资本投入者所有，而人力资本投入者的收入来自成本，成本中的工资部分，这就明显不合理。于是就有职工分享利润，用股权奖励的办法来分享。这个都是一些重要的变化。所以，供给方面的发力要跟上，国有企业的改革要跟上，国有企业才能成为独立市场经济主体。

2016 年中国经济势头正在变好

中国经济没有什么大问题，不要听信国外有些人说的“中国经济遇到了这个困难、那个困难”。不是的，这是一个必然的过程。因为我们要结构调整，我们要改变发展方式，我们要大力培养新的专业人才、熟练技工，这都是一个较长的过程，不是短期内能够奏效的。但是，只要我们的方向不变，持续进行，我们会得到应有的成果。

有人问我，你对 2016 年经济形势怎么看？我认为，势头正在变好。因为经济下滑，它总要破解的。破解靠什么？创新，包括体制的创新，包括管理的创新，包括营销方式的创新，也包括科技的创新。创新不是立竿见影的，它有一个过程。但是，只要我们在这个方向上走，坚定我们的步伐，保持新常态下的中高速增长，重在质量，重在效率，重在新人的培养上，我相信经济会逐步地稳定上来。就是开放，我们的观念也变了，现在谈开放和过去 20 年谈开放一样吗？不一样。20 年前谈开放，主要是引进外资，现在不是了。现在的开放是争取国际上的联系，重点在互惠共赢，我们帮助大家一起建设。

2016年供给侧改革面临三大挑战

中国人民大学重阳金融研究院研究员　胡玉玮

2016年是我国“十三五”规划开局之年，诸多重大改革政策将陆续出台。其中，自2015年11月份开始在中央文件中频频出现的供给侧结构性改革，已经成为引领我国“十三五”期间甚至更长时间的重要宏观经济管理理念。但“万事开头难”，作为一个全新的改革理念，如何正确落实和执行，从而使我国经济尽快走出增长乏力的困境，享受供给侧改革带来的红利，仍有很长的路子要走。展望2016年，供给侧改革将面临三大挑战，对其处理的好与否将直接关系我国经济改革的进程，乃至整个社会的稳定和发展。

第一，供给侧改革大方向不可动摇

在过去的几个月中，供给侧改革在我国经过了全民讨论和充分热议。绝大多数观点高度认可供给侧改革的必要性和时代意义。在我国后发优势逐步消退，人口红利逐步下降，全球贸易红利逐步减弱等多重压力叠加的背景下，单纯强调需求侧宏观经济管理的弊病愈发突出，所以供给侧改革是大势所趋、形势使然。但与此同时，质疑、怀疑的声音值得我们注意。有些观点认为供给侧改革是新的"计划经济"，或者认为供给侧改革"换汤不换药"等等。这都是对于供给侧改革的误解，没有真正学习好、理解好、领悟好供给侧改革。如果这种观点得不到及时纠正，特别是如果在基层领导干部中得到宣扬，势必影响未来供给侧改革在全国的推进。

全国广大干部群众在思想上的高度统一是我国以往改革取得胜利的法宝，我们要继续坚持。对于目前出现的关于供给侧改革的误解或不正确观点需要及时处理、及时解决。在这里，我们应坚决按照近期习近平主席对于"指挥棒"的重要论述，"对不适应、不适合甚至违背新的发展理念的认识要立即调整，对不适应、不适合甚至违背新的发展理念的行为要坚决纠正，对不适应、不适合甚至违背新的发展理念的做法要彻底摒弃"。只有思想上统一了，行动上才能统一。供给侧改革的方向不能变，这一点丝毫不能含糊。

第二，对当地就业市场的影响

确保就业市场的稳定始终是我国宏观经济管理的重要指标。而供给侧改革的一项主要内容为化解过剩产能和处置“僵尸企业”，在此过程中势必会对当地就业市场产生较大冲击。众所周知，我国的过剩产能主要集中在钢铁、煤炭、化工、船舶等行业，而这些行业恰恰是吸纳就业人数较多的行业。以资金和劳动密集型的钢铁行业为例，目前全国有钢铁生产企业500多家，其中民营钢企400多家，而绝大多数民企钢企产能均低于300万吨。另外，全国钢铁行业的产能利用率逐年下降，目前只有70%左右，属于产能严重过剩。如果高能耗、低效率的钢铁企业被迫关停，职工再就业或安置问题将成为当地政府的一个重要现实挑战。

鉴于此，民生政策要发挥社会托底的正向作用，在此过程中坚决贯彻党中央的决定，即在处置“僵尸企业”时，要尽可能多兼并重组、少破产清算。地方政府要充分考虑、高度重视去产能可能对当地就业市场的冲击，做好各种政策准备和配套措施，全力做好职工安置工作。切记不可为了却产能而去产能，为了所谓的去产能达标而置广大职工切身利益于不顾，那样只会激化社会矛盾，进而影响改革的顺利推进。

第三，对金融稳定性的冲击

我国产能过剩行业普遍具有资金密集的特点，房地产、钢铁、船舶制造等行业的企业负债率较高。高负债或高杠杆具有明显的顺周期特点，即在经济持续增长阶段，有利于扩大企业利润，但是当经济陷入下滑通道时，将会产生财务风险。另外，近几年供应链金融发展迅速，并成为不少商业银行，特别是中小股份制银行力推的金融服务模式。而对于供应链金融，处于中心地位的往往是核心企业，如大型钢铁企业或船舶制造企业。如果这些核心企业出现问题，将直接影响诸多上下游企业的运营，进而危及所有相关企业的银行贷款。

另外，我国政府整体的负债率不高，截至 2014 年只有 50% 左右，处于国际公认的警戒线 60% 以下，但是地方政府的负债率却令人担忧。有报道显示我国目前 100 多个市级、400 多个县级政府的负债率高达 100%。而导致地方政府债务激增的主要原因就是地方政府融资平台的泛滥和过度膨胀。这些平台在经济高速增长时期发挥了重要作用，特别是在房地产领域，但同时也积累了巨大的金融风险。随着经济下行压力的加大和财政收入增速的放缓，一些地方政府的“事实破产”应引起我们的高度警惕。

因此，我国在进行供给侧改革的同时，要谨防个体风险演变成为全国性风险，非系统性风险升级为系统性风险。2016 年五大经济任务之一的“去杠杆”正是希望通过降低企业和（地方）政府的财务杠杆防范化解金融风险。

中国供给侧 vs 海外黑天鹅

东方证券首席经济学家　邵　宇

随着一年一度的中央经济工作会议已经结束，中国决策层对 2016 年的经济工作已经做出了部署，引领经济发展新常态，推进结构性改革仍然是重中之重。所谓新常态，其三大特征是：速度变化、结构优化、动力转化，背后则对应着增长、改革、全球化这三重断裂带。在未能达到新的稳态之前，仍然需要通过结构性改革来冲出三重断裂带。因此，2016 年中国宏观经济的关键词仍然是应对风险和推进改革。

首先即是在稳增长方面，"三期叠加"（增长速度换挡期、结构调整阵痛期和前期刺激政策消化期）的结果就是，传统的增长动力——GDP 锦标赛已经逐渐丧失，而新的增长点的有效形成还需要时间。在完成动力的切换之前，可能就是经济的不断下滑以及风险因素逐渐释放带来的不稳定。

因此，第一个风险来自于传统增长动力的继续缺失。当前的经济数据已经处于过去五年乃至十几年来的低谷，官方（统计局）公布2015第三季度中国GDP增速为6.9%，基本完成全年7%左右的目标。传统三驾马车均处于下行趋势中，投资、消费等数据持续下行，尤其房地产投资已接近收缩，出口数据也连续几个月出现负增长。预计2016年GDP增长速度可能进一步下行至6.5%～6.7%。

一方面，GDP锦标赛的主要参与者地方政府受制于债务约束难以施展拳脚，2014年地方政府负有偿还责任的债务为15.4万亿，地方政府负有债务数额为8.6万亿，2014年地方政府广义债务约24万亿；2014年狭义和广义的债务率约86.5%和135%。2015年新增加6000亿元债务，地方政府债务限额上升到16万亿元，广义债务约24.6万亿；2015年狭义和广义的债务率约86.5%和133%。

另一方面，传统的GDP考核方式已经弱化，但新的激励机制尚未建立完善，这也表现为微观调研中显示的某些基层官员执行力不够、“观望”乃至“为官不为”的情况出现。重建合理的激励相容制度是“十三五”的关键任务。这包括但不限于地方官员升迁机制的逐步完善：从GDP锦标赛，到改革锦标赛，才有可能激发新的动力。

中央经济工作会议也已经指出：2016年积极的财政政策要加大力度，实行减税政策，阶段性提高财政赤字率，在适当增加必要的财政支出和政府投资的同时，主要用于弥补降税带来的财政减收，保障政府应该承担的支出责任。积极财政政策的实施面临较大的财政收支缺口，因此3%的赤字率红线有可能出现调整，一方面政府可能大量增加投资，推动更多有效投资项目的开展，另一方面减税的空间也相应增大。

在供给结构调整过程，加快过剩产能的去化以及房地产去库存，这些因素都会影响实体经济乃至金融体系的稳定。2015 年以来，中钢股份、云煤化、山水水泥等多起信用事件接连爆发，已经预示着信用风险已经在持续积累。如果 2016 年供给侧改革的执行力度较大，决策层打破刚兑和清理“僵尸企业”的决心较强，债券违约或将呈常态化。虽然短期这些信用事件更多是个案，但一旦量变引发质变，叠加上二三线房地产价格泡沫的自我实现式的破灭，地方融资平台的违约风险，以及金融体系包括主流银行系统的坏账损失，可能就会带来系统性的震动。

目前，银监会数据显示截至 2015 年三季度商业银行不良贷款仅占总资产的 1.59%，不到全球平均水平的一半。但是这已经是商业银行不良贷款率连续第 9 个季度上升，而在 2016 年可能仍会继续上升。这其中尤其是地方政府和国企的债务问题，尽管中国政府拥有超过 35 万亿的净资产，但如何巧妙地转移过高的地方政府杠杆，完成从地方到中央、从政府到居民、从国内到国外的转移腾挪，用长久期的成本低廉的负债去匹配地方政府那些缺乏流动性的长期资产绝对是一个重大挑战。我们预计 2016 年地方政府债务置换的总规模将进一步扩大至四万亿至五万亿。与此同时，地方版的资产管理公司试点省份扩容也成为盘活资产、化解风险的措施之一。

从经济走势来看，我们预计 2016 年经济大概率呈现前低后高的态势。2016 年固定资产投资仍将延续弱势，但有望企稳，预计全年增速在 10% 左右。由于制造业投资也是内生的而且受制于产能去化，新产业的投资规模短期很难替代传统行业。预计 2016 年制造业投资的增速大概在 8% 左右，更多的增长支撑还是来自于地产和基建。房地产由于库存的进一步去化，投资可能出现弱企稳，但是近两年新开工面积的持续下滑，可能导致 2016 年上半年的在建投资进一步萎缩。20～34 岁这部分购房主力人口比重未来将持续下滑，房地产的刚需下降。预计房地产投资维持在 3% 左右的增速水平。基建可能会提供更多增量，一方面 2015 年以来政府稳增长措施的时滞效应，以及地方政府债务置换部分缓解债务压力，以及国开基金点对点的资金投放等，都或将在 2016 年开始见效；另一方面，2016 年作为十三五规划的开局之年，民生改善等政策执行力度可能会加大。按照目前社会融资规模的同差变化来看，基建投资有望在 2016 年小幅反弹。预计 2016 年基建投资增速大约在 18% 左右。

消费主要受两个因素影响：一是可支配收入，二是边际消费倾向。近几年居民消费和厂商消费的上升增长动力一方面受到消费倾向提高影响，表现为消费升级；另一方面受到新消费模式影响，表现为政府推广电商模式。政府三公消费不仅受财政预算影响，还受到政策影响，如反腐。展望 2016 年，居民可支配收入提升不大，因此居民消费水平主要还是受消费升级影响。2016 年新消费模式仍将对消费起到刺激作用，反腐对政府消费边际影响在下降。我们认为 2016 年消费增长稳定略有回升，预计 2016 年社会消费品零售总额增速约 10.8%。

出口海外市场的弱复苏可能会略有好转，但人民币有效汇率的实际提升的滞后效应可能又会对复苏的程度打折扣。2016 年有三个不确定因素左右着外需。首先，美联储加息进程对全球经济有着较大影响。其次，全球地缘政治的影响不容忽视。最后，美国主导的 TPP 和 TIPP 试图重新塑造国际贸易格局。预计 2016 年出口增速大约 -2%。进口增速与内需有关，2016 年进口增速大约 -15%。虽然人民币仍有贬值空间，但成本提高，出口竞争力下降。当一国出口占到全球 13%～15% 时，出口提升将触及天花板。

再看改革方面，改革是一个慢变量，而增长是一个快变量，改革本身也分成比较快的变量和慢的变量，断裂处就在于改革的各个元素之间未必能够形成有效配合，形成一个内部的不相衔接的错层。例如行政体制改革可能是一个快改革，尤其是行政审批的下放或者取消，而配套的民间资本进入的实质举措则是慢改革；再如要素价格改革，其中提高水电煤的价格或者最低工资标准调整都可以是快改革，而配套的资源税征集反哺环保产业则是慢改革，有效降低宏观税负，推动产业链跃迁是慢改革，社会保障和公共服务的提升跟上则可能是更慢的变量；至于财税体制改革、户籍制度改革、土地制度改革则是最慢的改革，这样也会形成一个内部不相衔接的错层。在犬牙交错的改革断裂地带，各种矛盾和风险会逐渐地、充分地暴露。

潜在风险可能来自于金融改革推进不协调带来的冲击。金融改革是其中最为复杂的改革，但实际上过去两年来金融改革反而成为倒逼其他改革的最快变量。快改革下金融变量的剧烈波动，一方面当然有利于改变原来一致的单向投赌预期，但同时也可能会引发更大的不确定性。配套改革推进未能跟上反而可能使得风险得以放大，使得劣币驱逐良币、逆向选择、道德风险、制度套利。

对于资本市场而言，包括推进注册制改革、发展直接融资等改革，从长远来看都是有利于经济运行的必行之举，但如果未能把握好改革节奏和配套监管，可能并不能阻止资金继续脱实向虚。近期所谓资产荒，更多的还是流动性溢出下风险收益匹配的不平衡。金融监管去杠杆的意图与资本逐利的杠杆天性相互交错，2015 年资金推动的杠杆牛市的崩塌，很难说未来不会再重演。

2015 年年中的跌宕起伏、巨幅调整也将产生深远影响，包括 IPO、再融资以及相关资本运作等都经受不同程度中断，市场化改革一度停滞。2016 年对于市场供给层面而言，有可能会产生冲击的因素包括：注册制推进的速度以及 IPO 的发行规模；大批中概股预期回归，以及上交所设立战略新兴板带来的资金分流；在限制性政策消退之后，大小非减持的强度；新三板等多层次资本市场的快速发展以及资产证券化等新型金融产品的创新。

预计 2016 年全市场的融资规模（包括 IPO 和再融资）在 1.5 万亿左右，有可能创出历史新高，加上产业资本减持 5000 亿～6000 亿，以及 3000 亿左右的交易费用，对于市场资金的需求量大约在 2.3 万亿。资金供给层面，居民大类资产配置仍将继续向权益类资产转移，但监管层对杠杆的严格限制将减缓这一速度，预计有 2 万亿～3 万亿左右的理财、储蓄资金会通过各种形式流入；保险以及社保资金入市也将持续推进，预计规模在 6000 亿左右；A 股正式纳入 MSCI 指数等带来海外资金流入等，大约 1500 亿。预计 2016 年市场资金净流入规模约 1 万亿。

2015 年，无论是货币，还是财政，宽松力度均超过以往。从 2014 年 11 月开始，央行货币政策从定向宽松转向全面宽松，已经经历了 6 次降息和 4 次降准。2015 年以来，银行投放的信贷规模已超过 2009 年，截至 10 月份，新增人民币信贷约 10.4 万亿，已经超过 2009 年全年的 9.6 万亿，10 万亿我们只是换了一个方式。同时，通过国开行专项债投入约 3 万亿～4 万亿。社融增速的 12 个月移动平均同差在扩大，实际上，去年下半年开始同差已经开始上升。正是在这超强宽松力度下，实体经济的融资利率终于出现的趋势性下行，银行业贷款加权平均利率已经基本回到 2010 年的水平。

2016 年通缩的风险并不能完全缓解，流动性宽松仍然是主旋律，预计 M2 增速仍有望达到 13% 以上。从历史经验来看，降息的制约因素并非负利率，而是通胀水平。从 CPI 的周期来看，错开 40 个月后 CPI 具有较高的拟合，然而在目前的拟合周期里 CPI 中枢明显下移，预计 2016 年全年的 CPI 大概 2% 左右。PPI 已经连续 45 个月维持收缩，预计 2016 年这一状况稍有缓解，但 PPI 的增速仍预计在 -4% 左右。2016 年预计会降息 1～2 次，25～50BP，整体利率水平有望再下一个台阶，10 年国债收益率可能再下行 40BP，到达 2.6%。除此之外，一方面国开行专项债以及新的货币政策工具，如 PSL 和 MLF 等能够为基础货币投放和稳增长提供必要资金支持。另一方面通过大幅降准对冲美联储加息，加大货币乘数将是必要选择。当然这也意味着跨境套息交易愈发无利可图，一部分热钱会陆续撤出中国市场。

总体而言，2016 年流动性宽松的边际空间将小于 2015 年。利率市场化持续推进下，无风险利率下行的空间已经较小，而人民币汇率贬值的预期也可能会成为最大的风险之一。

这也涉及到全球化的断层，其本质是以美国为代表的传统发达经济体的局部退出和以中国为代表的新兴经济体的延迟上位。考虑到目前中国经济的体量和对外依存度，这是直接制约中国出口增长的关键因素。

2015 年全球市场最重要的事件之一就是美联储加息的落定。美联储何时加息以及加息通道具体形态如何已经不仅仅是美国自身货币政策的选择，更是关系到全球金融市场稳定和经济复苏的头等大事。未来的风险则来自于美联储加息的后续冲击，特别是新兴市场货币的贬值预期。

第一次加息的靴子已经落地，但市场又要辛苦地等待第二只靴子，即第二次加息的时刻，目前市场普遍预期在未来一年是 2～4 次，点阵图显示 2016 年末的预期利率水平会在 1.375% 附近。如果是前者，流动性会继续去新兴市场“折腾一下”；但如果是后者，则意味着加息通道相当陡峭，只有最快速地火中取栗才能保证全身进退，而这无疑会加大全球市场的波动率。

作为全球最主要的货币，美元升值将影响到全球流动性的再分配，当下这种分配不太利于新兴市场，它们的货币会继续面临贬值压力，主要是因为资本外逃压力加大、资金避险所致。本次加息虽然美联储反复进行了前瞻性指引，但整个加息周期真的展开后，新兴市场仍然将受到资本外逃的冲击，要特别留意 2016 年 1 月的开门数据。

同时，强化的美元将抑制大宗商品价格的反弹。近期在不断升温的中东地缘冲突环境下，原油价格居然还是坚定地跌破了 40 美元，钢、铜等大宗商品价格也均有不同程度的下滑。加上 2016 年全球经济可以预见最多是弱复苏，特别是中国经济增速可能进一步下滑至 6.5% 左右，考虑到大多数资源国的产能都附着在中国的价值链上，而中国的产能又附着在进展缓慢的欧美发达的消费型经济体上，这必然会抑制大宗商品的需求。

综合起来看，我们认为 2016 年来自资源国的风险需要特别警惕，有较大的概率会爆发金融危机甚至经济危机，这可能不再是尾部风险。根据世行的数据，2014 年除俄罗斯外，巴西、澳大利亚、南非和加拿大的国际收支均处于逆差状态。俄罗斯虽然国际收支仍然为顺差，但整个顺差规模在下降，一度掌握大量石油美元的沙特阿拉伯也是如此，多年积累的储备可能在几年内告罄，油价的任何负面冲击势必影响到它们的国际收支和金融稳定。而美联储的加息很可能就是最后一根稻草，除家底还比较殷实的澳大利亚等少数国家外，它们的整个金融体系很容易遭受“美元升值—大宗商品价格下跌—汇率贬值—资本外逃—汇率进一步贬值—资本外逃加剧—国内金融市场动荡”这类的金融冲击。

这种风险可能在某一个或某几个国家爆发，而一旦局部风险出现，在全球经济脆弱复苏过程中犹如伤口上再抹把盐，这种蝴蝶效应将波及其他新兴市场国家，进而影响到发达经济体。这必将再次引起全球金融市场新的完美风暴，加上目前不稳定的地缘政治格局，恐怖主义更可能火上浇油，而这将是危机的第三波，其杀伤力未必小于前两波的美债危机和欧债危机。

可以理解市场的主要担忧主要来自汇率方面，特别是在人民币历史性地加入 SDR 篮子以后。尽管决策者也在不同场合表示人民币不存在持续贬值的基础，但并未言明是一篮子汇率还是美元汇率。确实最新上线的一篮子汇率指数表明，人民币的实际有效汇率仍然还在升值中，那是否可以淡化对美元汇率或者容忍更大波动幅度呢？笔者认为，人民币对美元汇率如果完全由市场决定，则还有一定的贬值动能存在。综合考虑国际收支顺差、经济基本面和其他非市场因素，我们认为 2016 年人民币对美元的贬值幅度应该在 5% 以内（到年底）。

总体而言，我们认为中国经济具备抵御美联储加息冲击的能力，但是部分资源型经济体则未必，如果不做全球范围内的政策协调和充分交换利益筹码，2016 年可能就是新兴市场的裁判日，更多的矛盾和冲突会在三大地缘断裂带上以更为凶险的形式呈现出来。一旦这种情况出现，我们也不认为美国可以独善其身，因为它众多的跨国公司都在新兴市场广泛开展业务并有很大规模的营收，一旦全球经济恶化，美联储可能会放弃加息转而进行更多的宽松，但那时可能已经为时已晚，更多的流动性在边际上的药效已经钝化。

所以我们看到中国建议 2016 年 G20 峰会的主题是构建“创新、活力、联动、包容”的世界经济，共同为全球新一轮增长奠定坚实的基础。这其实是同中国自身在“十三五”规划中提出的五大发展理念——“创新、协调、绿色、开放、共享”是完全兼容的。如果说过去数十年的中国镀金式增长是全球化 3.0 的镜像，并且搭上快车的话，那么中国必然将在新一轮全球化中给出自己的回报、更多的贡献。

当然这个过程绝非坦途，特别是在 2015 年中国资本市场经历了剧烈的动荡之后。类似 2008 年美国金融危机所给予的教训，如果最终结论是监管跟不上金融创新和开放的步伐，那中国金融体系内部的调整就更加紧迫。央行应该会毫无悬念地拿到经过决策者背书的终极监管权，同时也会因为成功进入 SDR，打开人民币进一步国际化通道而再建新功并被委以重任，预期中国式资本账户开放会坚定推进并指日可待，这又恰逢美联储加息引致 10 年一度的流动性潮汐如巨浪扑面而来，这可能是全球化道路抉择和全球货币竞争的最后一战。

供给侧改革必须避免三大误区

万博经济研究院院长　滕　泰

2015年11月9日，我应邀参加了李克强总理的座谈会，做了《从供给侧改革，全面降低企业成本，开启经济新周期》的汇报。11月10日，习近平主席在中央财经领导小组会议上，首次提出“供给侧结构性改革”。之后，中国国务院发布《关于积极发挥新消费引领作用，加快培育形成新供给新动力的指导意见》，政界学界开始密切关注“供给侧改革”，且热度不断升温。

为什么在此时明确提出供给侧结构性改革？供给侧结构性改革的要点有哪些？供给侧结构性改革该怎么改？要避免哪些误区，达到哪些目的？笔者结合多年致力于新供给主义经济学研究的经验，谈一些个人的浅见。

扭转经济颓势、重聚改革共识的战略选择

2008年、2009年两年，中美两国的经济都比较艰难，但为什么在2010年以后，美国和中国的经济走势出现了明显的不同，美国经济靠什么迅速走出衰退，中国经济又为何出现连续五年下行？

实际上，尽管美国搞了量化宽松，但真正推动美国经济走出衰退的，是以苹果产业链为代表的新供给、新需求、新动力。2010年以后，以苹果手机为代表的智能产业和移动互联进入全面的新供给扩张阶段，带动了美国消费的复苏、投资的复苏以及出口的比较大的反弹。所以2010年以后，美国经济逐步走出了衰退，走出了危机，进入一个上升周期，重新成为拉动世界经济的火车头。

反观中国，2008年推出了以"4万亿"为代表的需求扩张政策。虽然2009年短暂快速反弹，但是2010年以后就进入了持续5年的经济下行周期。中国经济为什么欲振乏力？就是因为有太多的产业处于供给成熟和供给老化的阶段。

十八届三中全会以后，大家对改革充满了期待，但是搞了两年以后，很多人对未来改革的方向有一点迷茫，改革的深度和力度都没有达到市场的预期。无论是土地流转，还是人口户籍制度、科技创新体制、金融体制的改革，或者垄断行业的改革，都没有达到两年前的预期效果。十八届五中全会之前，我在多个场合发表过题为《重聚改革共识，扭转经济颓势》的公开演讲。如何才能再次凝聚改革的共识？我认为，这个时候推动供给侧结构改革，不但抓住了经济运行的主要矛盾，而且也能起到重新凝聚改革共识，扭转经济

颓势的战略性作用。

供给侧结构性改革的五大要点

那么供给侧结构性改革的关键究竟在哪里？我认为有五大要点：

第一个要点是刺激新供给、创造新需求，这是新供给主义经济学的微观理论基础，也是供给侧改革的基本出发点。19 世纪法国经济学家萨伊为代表的古典供给经济学提出，供给会创造自身的需求。新供给主义经济学认为，“供给创造自身的需求”是有条件的，只是在新供给形成和扩张阶段可以自发实现，在供给成熟和供给老化的阶段，供给就创造不了自身等量的需求。即便在新供给形成和新供给扩张的阶段，如果受到行政、税收等成本的约束，或者受到一些制度的抑制，供给也不能创造自身的需求，甚至很多新供给受到抑制不能形成生产力。所以新供给经济学的任务，就是创造条件，放松供给约束，解除供给抑制，通过结供给侧改革，让它具备这个条件。

未来的新需求和新供给在什么地方？在五大“软财富”领域，即知识财富、信息财富、文化财富、金融财富以及其他的社会服务业。为什么叫作软财富？这五大软产业的财富的源泉不是地球资源，办教育也好，拍电影也好，也消耗一点地球资源，但是主要的财富源泉是人类的思维和人类的活动，这代表了未来发展方向。这五大软财富领域在美国的领域中占 79%，而在中国只占 49%，差

30 个百分点，这就是我们的未来。

对那些硬财富的制造业怎么办？要通过转型升级，让传统硬财富制造业上培育更多的软价值。我们都知道，全美国的公民都开着底特律生产的汽车，但是底特律的经济一片萧条。而与底特律汽车相关的产业，汽车装潢、汽车 4S 店、汽车金融、汽车广告都赚钱。与传统汽车制造业不同，有两家汽车商是赚钱的，一家是奔驰，一个是特斯拉。奔驰为什么赚钱？因为它的总设计师说我们卖的不是汽车，我们卖的是艺术品，碰巧它会跑；特斯拉卖的也不是交通工具，卖的是环保，卖的是时尚，这也是新供给创造新需求。

第二个要点是从新供给经济周期出发优化产业结构，这是新供给主义经济学的宏观理论核心。新供给主义经济学认为，技术和产业的演进、供给和需求结构的变化，以及供给与需求循环往复的交互作用是形成经济周期波动的主要力量。从供给端和供给结构变化出发，一个完整的经济周期可以划分为四个阶段：新供给形成阶段、供给扩张阶段、供给成熟阶段、供给老化阶段。如果一个经济体中大部分行业处于新供给形成和供给扩张阶段，这个经济就会充满活力，其经济增长速度就会提高，整体运行趋势是向上的；反之，如果一个经济体的较多行业处于供给成熟和供给老化阶段，这个经济体的活力就会下降，其经济增长速度就会降低，整体运行趋势就会向下。新供给主义经济学认为，任何一项社会主流技术和主流产业，早晚都会进入供给成熟和供给老化阶段，因此无论通过财政政策、货币政策刺激总需求，抑或是通过计划手段增加或抑制老供给，都不可能从根本上解决技术周期和供给老化问题。同样，当一个国家的经济结构出了问题，有太多处于供给成熟和供给老化阶段的产业，那么无论是刺激需求还是五年计划，都无法改变经济结构转型的问题。

在实践中，真正有效的做法是通过“放松供给约束”的系列政策大幅度降低企业生产成本，打破生产销售僵局，让市场通过成本价格传导机制快速消化过剩产品，在较短时期内恢复均衡，并通过要素转移更新供给结构。新供给创造新需求，不仅在宏观上是恢复经济均衡的必然循环，在微观上也一样。比如 iPhone 手机，在乔布斯创造出 iPhone 手机之前，世界对它的需求原本是不存在的，而一旦 iPhone 手机面世，新的需求就被源源不断地创造出来。一旦资本、资源、劳动开始向新供给集中，老产业的产能过剩将自然消除，整个经济不但恢复均衡，而且将开始新的增长。

新供给主义经济学认为，供给与需求动态均衡的打破属于经济增长过程中的阶段性、局部性问题，技术扩散和产业生命周期密不可分。生产过剩是相对的，阶段性和局部的供需矛盾可以随着资源逐步向新产业领域配置而消解。当宏观经济从供给到需求的传导过程遇到阻碍时，既不应当用带有计划经济色彩的手段比如产业政策去彻底破坏市场机制，也不应当用传统凯恩斯主义的手段人为扩大旧产业和旧经济的总需求，而应当通过“放开新产业供给约束、减少新经济供给抑制”的方式，为市场释放新供给创造条件，引导新供给创造新需求，最终通过经济供给和需求结构的调整，让经济回到“供给自动创造需求”的理想运行轨道，恢复“供给与需求的自动平衡机制和最终均衡状态”。

第三个要点是放松三大供给约束，恢复中国经济的活力。

当前中国经济受到三大供给约束：高行政成本约束、高融资成本约束和高税收成本约束。2013 年上半年，我们重点呼吁放松高行政成本约束，主张让政府减少行政审批，放松垄断、放松管制。新一届政府近年来这方面做了很多工作，大力降低企业居民生活和创业的行政成本，取得了一些进展，但是在放松垄断方面，还有很长的路要走。2013 年“钱荒”以后，新供给主义的政策主张重点转向降低融资成本，一直到 2014 年 5 月份，国务院常务会议才提出来降低融资成本，11 月份才真正降息。从今年 3 月份到 7 月份，才开始看到融资成本有所降低，但从国际比较来看，仍属偏高。最近一段时间，我重点呼吁大规模减税，放松高税收成本约束。在李克强总理的座谈会上，我提出减税 3 万亿，减轻企业负担，激发投资和消费活力；同时发债 3 万亿，吸纳社会闲置成本，解决现在资产配置荒的问题；同时还可以在未来还债时降低经济过热，熨平宏观波动，可以说是“减税发债，借力未来，一箭三雕”。

第四个要点是解除对五大财富源泉的供给抑制，提高中国经济的长期潜在增长率。

从新供给主义经济学的角度来看，当前在人口与劳动、土地与资源、资本与金融、技术与创新、制度与管理这五大要素上，都有很多供给抑制，使之无法充分发挥作用。例如，2012 年到 2014 年，我们重点呼吁放松计划生育政策，目前来看，二胎生育限制已经全部放开了，但是还有户籍方面的问题，使劳动力无法自由流动。农村的人均 GDP 和在城市的人均 GDP 差五倍，那就意味着一个人从农村到城市工作的话，财富供给增加了四倍。如果劳动力从农村转移到城市，还面临着教育、社保、医疗等方面的歧视性待遇，怎么促进经济增长？未来户籍制度改革是一个重点。再比如企业社保保险等成本偏高，假设企业给员工发 2 万元薪酬，可能到他手里只有 1.4 万到 1.5 万，那几千块钱在当期就沉淀下来了。经济低迷的时候，却又有大量当期收入沉淀在社保或保险账户，变成几十年以后才能使用的消费，对企业和整个经济来说都是损失。怎么样降低社保或者其他方面的缴费比例，也应该进行研究。

土地方面，现在土地价格高涨，也使得很多企业背负了沉重的压力。有数据显示，今年三季度末，全国 105 个监测城市的地价，综合地价已经达到了 240 万 / 亩，商业用地 447 万 / 亩，住宅用地 361 万 / 亩，工业用地也有 50 万 / 亩，在北京一般用途的土地价格有很多达到每亩千万元以上，这么高的价格，企业怎么负担得起？现在土地都不能确权，很难推动流转，土地和资源的利用效率怎么能提高？

还有资金方面，有民营企业家以亲身经历比较了中美两国的制造业成本，最便宜的国内借款成本年利率 6%，是美国成本年利率 2.5% 的 2.4 倍。为什么我们的居民储蓄和外汇储备全世界第一，利率还是全世界偏高的？严重的金融抑制。其他还有科技创新体制、教育体制、国有企业体制，究竟应该怎么改，才能激发各方面的活力，解决这些问题？这都是要重点探讨的问题。

第五个要点是新供给主义经济学的房价、物价管控政策，以及“按要素贡献分配”的主张。

新供给主义经济学认为，房价、物价管控政策都应当以“优化供给结构、提高供给效率”为核心。中国房价持续上涨，调控效果多年不达预期，其原因就在于政策着力在打压需求，而不是扩大房地产的有效供给。新供给主义经济学认为，未来只有从供给侧着手，以“优化供给结构、提高供给效率”为核心，增加保障性住房供给、增加房地产土地供给、改善房地产供给结构，才能从根本上解决城市居民住房问题。

对物价的调控也一样，中国从1996年以后就告别了短缺经济，进入过剩经济阶段。在产能过剩的背景下，物价波动的根本原因并不在需求方面，而在供给方面，十多年来的每一轮通胀几乎都由原材料涨价、工资成本推动、食品供给冲击等供给方面原因造成，而政府却一次又一次地通过紧缩总需求去进行干预，结果难免误伤经济。

我在2010年出版的《透视通胀》一书中详细分析了中国物价的驱动结构，书中指出，过去十年70%以上的CPI波动都来自于食品价格变化，而在居民对食品的需求总量基本不变的现实下，食品价格波动主要来自供给总量波动和供给结构变化；研究还表明假定我国每年平均工资上涨15%，将推动CPI上升1.94个百分点；假定原油等原材料价格上涨15%，对CPI的影响只有0.2个百分点；此外较高的流通成本也是造成物价上涨的重要因素。

因此，新供给主义经济学认为，增加有效供给，既能够挖掘增长潜力，也能够平抑物价，不存在所谓“稳增长与控通胀的矛盾”。新供给主义经济学从供给面去管理物价的措施包括：降低税收成本，控制人工和原材料成本上升的速度，稳定农产品生产和供给机制，控制流通环节费用，建立稳定的消费品物价形成机制。

新供给主义经济学认为，收入分配机制应当以“供给要素贡献和边际报酬”为核心，并由此提出了收入分配改革政策的六个核心主张：（1）遏制公共权力直接或间接参与财富分配。从未创造任何财富的行政权力参与财富的分配不仅是腐败的源泉，也会影响到其他要素创造财富的积极性。(2)减少垄断对财富的瓜分。很多看似利润丰厚的企业，其实是靠垄断获取财富，这也是非常严重的收入不公平问题，所以反垄断、放松管制，促进市场自由化、产权民营化，不仅是“放松供给约束、解除供给抑制”的必然要求，也是促进公平收入分配的必然选择。(3)控制利用公共资源过度获取个体收入的现象。比如对于在经济制度不健全的阶段通过各种方法占有的土地和矿产资源、公共设施资源、海洋空间资源等等，应通过以资源税为代表的税收政策予以调节，促进公平和效率。(4)对于创业企业或雇员人数、销售收入较小的小微企业应大范围免税。比如，是否可考虑对符合某些条件(如雇员在20人以下、销售收入在100万元以下)的创业型企业在一定的创业期限内全部或部分免除所得税？只有这样才能刺激新供给、创造新需求。扶持大批小微企业成长、做大以后，政府的税收总额甚至还会增加。(5)政府可以通过税收调节收入分配，但调节的重点应该是严重偏离要素边际报酬的收入，比如房产持有和遗产继承等等。(6)无论是公共投资还是转移支付，长期来看都是低效率的，因此应该尽量减少公共支出和转移支付。

现在中央和国务院已经提出了课题，如何加强供给侧结构性改革，着力提高供给体系质量和效率？我们认为，越是供给抑制和垄断、管制厉害的地方，供给侧改革就越有意义。应当沿着土地与资源、人口与户籍、科技与创新，制度与管理，资本与金融等五大财富源泉和几大重点行业(医疗、能源、教育等等)，一个个领域研究下去，出一些建设性的可操作性的成果，才能真正推动供给侧结构性改革。

供给侧改革要避免三大误区

供给侧结构性改革提出来之后，媒体广泛报道，社会上也高度关注，这是好事。但是在今后的学术研究和政策制定中，需要避免三个误区：

第一个误区，就是不能把供给侧和结构性改革停留在概念和理论层面。炒概念救不了中国，2012 年，我们发表《新供给主义宣言》，当时的供给侧改革的确需要引起关注，撕开一个口子来推动这个概念。现在媒体上很多讨论还是在炒概念，这就没有意义了。我们不能停留在概念和理论层面，应该把供给侧结构性改革推向深入，落到实处。

第二个误区，就是不能让供给侧结构性改革回到计划经济或产业政策的老路上。我看到有报道说，供给侧改革就是新计划经济，这显然是误解，但是在实际方面，确实有很多学者还是在用政策之手来拨动经济，“这个产业是老的，应该怎么淘汰；那个产业是新的，应该怎么鼓励”——直接伸手了，这样就弄错了。供给侧结构性改革的关键，还是要把握住“放松供给约束，解除供给抑制”的理念，让财富源泉自主发挥活力，充分涌流。

第三个误区，就是不能把供给侧改革和需求管理对立起来。不能说研究供给侧改革就是要彻底否定需求管理。三年前我写文章的时候，对凯恩斯主义确实有反对，但是现在不必再反对了。现在西部投资、民生改善方面还有很大的空间，需求领域也有很大的作用，不能将二者绝对对立起来。

总之，我觉得要避免这三个误区，一不能炒概念，二不能把供给侧改革误解成新计划经济，三不能把需求和供给对立起来，这样才能建设性地把供给侧结构性改革推向深入，真正开启中国经济新的增长周期。

未来几年我国经济转型升级的大趋势及企业发展机遇

中国（海南）改革发展研究院院长　迟福林

我国经济的主要问题不在于短期。从短期来看面临三个不足：一个对经济下行压力估计不足；二是对转方式、调结构的困难估计不足；三是对由此带来的一系列经济社会矛盾估计不足。我国经济转型升级的趋势何在？将带来哪些重大机遇？企业能不能抓住这些机遇？

总的判断是：2020 年是中国增长转型改革的历史性关节点。

一、2020 年经济转型升级的三大基本趋势

1. 工业转型升级大趋势——从“中国制造”走向“中国智造”

我把工业转型升级的大趋势用三句话来概括：第一，

目前制造业领域正发生一场深刻的变革，制造业信息化、服务化的特点日益突出。第二，制造业能否实现转型升级？当前，我国有两个重要的优势：一是全球新一轮科技革命与我国工业革命形成历史性交汇；二是“互联网 +”制造业升级的突出优势。充分利用初步形成的“互联网 +”的商业模式创新，就可以有效推动制造业的转型变革。第三，未来三到五年，实现“中国智造”，是工业转型升级的一个总目标。牢牢把握新一轮科技革命的重大机遇，我国有望到 2020 年初步完成从“工业革命 2.0”向“工业革命 3.0”的升级，但这一过程中要付出巨大的努力。

2. 城镇化转型升级大趋势——从规模城镇化走向人口城镇化

《国家新型城镇化规划（2014—2020）》提出，到“十三五”末期规模城镇化率达到 60% 左右，人口城镇化率达到 45% 左右。我认为这一目标过低，建议到 2020 年人口城镇化率提高到 50% 左右。从实际情况看，未来 5～10 年名义城镇化率年均提高 1%～1.2% 是有可能的。目前城镇居民人均消费水平是农村居民的 3 倍左右，随着户籍制度改革加快，通过中小城镇发展和基础设施的不断改善，到 2020 年人口城镇化率有可能达到或者超过 50%。这就意味着未来将有 3 亿到 4 亿的农村居民成为城市常住人口或城市居民，这对拉动中小城市的基础设施建设、释放中小城市的消费潜力是一个极为重要的条件。从这个意义上看，未来 5～10 年城镇化仍是我国发展的最大红利。

3. 消费结构升级大趋势——从物质型消费走向服务型消费

尽管目前我国面临收入差距、城乡差距较大的挑战，但 13 亿人消费结构升级已经到了一个历史拐点。现阶段消费结构升级的时代特征是从以物质型消费为重点向服务型消费重点的提升。目前城镇居民的服务型消费支出占比达到40%左右，农村居民达到30%左右，相差10个百分点。预计到2020年服务型消费支出占比可能提高到40%～50%，一些发达地区甚至可能达到50%～60%。随着温饱问题的解决，人们对健康、养老、医疗等服务型消费的需求进一步提高。以健康产业为例，有人估计我国健康服务业市场规模到2020年将高达8亿人民币左右。还有人估计，如果包括生物医药、医疗器械等，到2020年我国健康产业发展潜力将达到14万亿～16万亿元。未来健康、医疗、教育、旅游等服务型消费需求的增长，将给中国带来巨大的市场空间和巨大的发展潜力。比如，以房地产市场为例。如果未来房地产的发展能够与服务相结合，对房地产市场的转型升级和对整个房地产的价值提升，都是一个重要的机遇和一个新的起点。

二、经济转型升级的四大选择

1. 以自主创新为重点的竞争优势的选择

形成自主创新的新优势，关键在于以政府为主体的自主创新体系向以企业为主体的自主创新体系转变。这一过程是有条件的：一是科技资源全球化配置的时代已经到来，发达国家普遍在海外设立研发中心；二是我国自主创新面临的突出矛盾是科技成果转化率过低，目前仅为10%左右，而发达国家在40%以上。建立以企业为主体的自主创新体系需要政府多方面的政策扶持，才能弥补我国自主创新能力的不足。

2. 以服务业为主体的产业结构

尽快形成服务业为主体的产业结构，牵动影响经济转型升级全局。预计到 2020 我国服务业占比将从接近 50% 提高到 55% 以上。目前对能否形成服务业主导仍存在诸多争议。我认为，中国的发展需要依靠制造业，未来中国的根本出路是要成为一个制造业大国强国。问题在于，我国制造业大而不强的根源在于以研发为重点的生产性服务业占比太低。目前我国生产性服务业占 GDP 的比重只有 15%，生产性服务业占服务业比重 40%。而发达国家德国生产性服务业占 GDP 的比重大概在 30%～40%，生产性服务业业占服务业的比重在 70% 左右。加大制造业的科技创新，核心是以研发为重点发展生产性服务业。包括推动发展金融产业。走向服务型经济，不仅将带来产业结构的深刻变革，而且也是我国实现公平可持续发展的战略选择。

3. 形成以消费主导的经济增长新格局

2008 年我就提出由生产大国向消费大国的转型的建议，当时有不少讨论和批评。从现实来看，在消费结构的升级、制造业服务化趋势和城乡一体化的发展的大背景下，消费已经成为拉动经济增长的重要引擎。13 亿人的消费大市场不仅是我国的突出优势，而且对整个社会增长格局具有举足轻重的作用。一是今年上半年，社会消费品零售总额达到 14.2 万亿元，同比增长 10.4%，对经济增长的贡献率达到 60%。二是消费结构升级、城乡一体化和服务型经济发展的趋势下，消费对经济增长的贡献率将逐步提高。预计到 2020 年消费对经济增长的贡献将保持在 60% 左右。未来 13 亿人消费大市场的释放，不简单的是一个短期现象，而是一个长期的趋势。

4. 形成以服务贸易为重点的对外开放新格局

“一带一路”可以用三句话来概括：以基础设施建设为依托，以扩大自贸区网络为目标，以服务贸易为重点。目前国际市场的需求与国内消费结构升级的结合点是服务贸易。服务贸易占比低，已经成为我国对外开放的突出矛盾。2014 年我国服务贸易占对外贸易总额的比重仅为 12.3%，而全球服务贸易占全球贸易的比例达到 20%，我国低于全球平均水平 7.7 个百分点。

不到一年时间内，我 6 次到访欧盟，主要的一件事就是促进中国与欧盟尽早启动中欧自贸区谈判。今年 12 月我院即将与欧洲政策研究中心举行一场有关中欧自贸区的讨论。我估计，建立中欧自贸区有很大的可能性。如果中欧服务贸易比重提高到 20%，双方服务贸易将达到 2000 亿欧元的规模。目前欧盟面临的不是经济问题，而是一个政治判断问题。只要打开思路，打破发达国家服务贸易对中国的某些管制，在服务经济、环保、制造业技术等方面对中国放开市场，中国将给欧盟提供巨大市场空间。如果以服务贸易为重点的新格局能够尽快形成，我国的对外开放将达到一个新的水平。

三、经济转型升级的四大任务

1. 推进服务业市场的全面开放

2012 年以来国务院陆续出台关于教育、健康等服务业市场开放的政策文件，但还需要尽快落地。以健康养老服务业为例，从各级政府层面，对养老服务业的模式选择尚未有明确的规划；从企业层面，未来健康服务业如何发展路径尚未清晰。

尽管目前对服务业市场的全面开放仍存在很多争议。比如，有人认为教育市场不能开放。我认为，尽管 21 世纪初教育市场化、产业化曾引起诸多争论，但当前的教育市场开放与过去教育产业化有着根本性的区别，核心是只有充分发挥政府在教育产业的主导作用，尤其是强化义务教育主体作用，才能更好地促进产教深度融合。过去教育产业化最大的问题在于基础教育的管理权限和责任下放给地方，由各个地方政府管理。在执行过程中，出现了层层下放，逐渐变成以县、乡为主的管理制度，造成了农村义务教育的困境。当前，需要强化政府在义务教育主体责任的前提下，适应教育多样化的需求，加快教育市场开放，是当前结构改革面临的重大课题。我前不久提出“教育需要第二次的改革”，把当前教育存在的突出问题提出来了，主要是教育的考试型、封闭性、行政化的特点突出。所以服务型市场开放，将成为中国改革的重中之重，并且将给企业带来多方面重要的发展机遇。

2. 加快推进以混合所有制为重点的企业改革

前不久，中央公布了国有企业改革的总体方案。前些天，我特意把 20 多年前的一篇文章《从国有企业到国有资本》再发出来，从中看到这些年国有企业改革确实进展缓慢，在现有利益格局下想改变这个确实很困难。要实现国有企业改革的突破，取决于上上下下更大的改革魄力，取决于排除各方干扰。只有国有企业改革实现了突破，资本市场才会有一个更好的基础。

3. 推进以金融、财税、教育为重点的结构性改革

当前改革面临结构性矛盾。一是金融体制改革。李克强总理高度强调“大众创业，万众创新”，但我们的金融很难向“双创”倾斜。二是财税体制还有相当大的调整空间。尤其随着消费成为拉动经济增长新格局的出现，财税体制应该做出一定调整，在缓解短期增长财税要发挥更重要的作用。三是教育体制改革。有的企业家说，在市场上找一个大学生、留学生太容易了，可是要找一个钳工、高级技工难上加难。尽管这些年教育改革、教育发展很快，但目前教育结构与经济转型升级严重不适应，与发展的大趋势严重不适应。李克强总理一再讲结构性改革，我想最重要的就是在以上三个领域的改革上要有重大突破。

4. 深化以简政放权为重点的政府改革

我认为，“打通最后一公里”的关键是三个点：一是尽快实现企业的自主登记。现在已经在酝酿了，明年是不是可以在有些地方实行企业自主登记制度。二是尽快取消企业一般项目的备案制。在严格规划与环境保护下，企业一般投资项目还需要备案吗？答案可能是否定的。目前这件事情已经引起各方注意。三是不用或少用产业政策来指导企业，来引导企业行为。

此外，金融监管转型不到位，成为简政放权最突出的矛盾和最大的短板。我在国务院常务会议汇报时建议，当务之急尽快组建金融监管总局。这是因为，混业经营已是一个现实，而金融监管仍是专业监管。

如果以上这些事情能够适应大趋势，做出适当的选择，通过转型改革实现破题，我国会有一个好的发展前景。未来 5 年，就会真

正引领经济新常态。“十三五”这5年可能会给企业和社会带来更多的机会。相信在未来的5年里，在新沃成立10周年的时候，主动适应和融入我国经济转型升级的大趋势，取得更辉煌的成绩。

“十三五”期间有三大挑战和机遇

清华大学经济管理学院博士生导师　李稻葵

“十三五”期间，有哪些趋势性的变化或者是挑战？我个人认为有三大趋势性的挑战或者重大变化，我们必须做好思想准备。同时跟这个密切相关的，我也提出对我们民营企业家们，恐怕需要抓住三个方面的重大发展机遇。

一、三大趋势性的挑战或者重大变化

（一）就整体上讲，经济的增速还在下滑，就是增速趋势性下滑

经济增速下滑，首先不仅仅是中国经济，整个全球范围增速都在持续下滑，仍然在下滑中，还没有看到明显的上行趋势。

世界经济过去在金融危机爆发前，一直到3年前，基

本是在 5% 的增长区间在运行。现在进入到 3% 的平均增长速度，其中：发达国家美国在 2.5% 左右，这已经是非常快的增长速度了；欧洲、英国都是在 1% 多一点；日本长期增长速度，他们自己的分析，央行行长分析"顶多 1%"，别指望日本有什么高增长，因为日本面临着高负债的问题，政府债务占到 GDP220% 以上，人均背负政府债 10 万美元，所以早晚要加税，或者加利息，因为政府借钱利率会不断提高，加上日本的老龄化。这是发达国家。

新兴市场国家，现在出现了一片混乱。主要的新兴市场国家出现了负增长，巴西 3.5% 的负增长，俄罗斯今年、明年都是负增长，也是 -3% 左右，印度增长速度比较高，这里面有统计的因素。整体讲，新兴市场国家实体经济增长速度在下滑。个别国家，包括巴西、俄罗斯，通货膨胀两位数。与此同时金融也出现了一片混乱，汇率在贬值，由于美元加息原因，而且很多国家负债太高，包括国债太高。

这是整个世界经济的基本态势，增长速度仍然在下滑中，短期内看不到扭转的前景。

日本短期内不太可能出现根本性的改变，欧洲大陆的情况跟美国一样，问题出在社会，社会福利需要削减，不削减，政府负担将难以下降，经济难以恢复活力。这是国际形势。

中国经济的增长速度，短期内仍然有压力。我做了一个测算，国家统计局 1～3 季度增长速度在 6.9%。这是官方数字。但是刨除金融业附加值的贡献，非金融业的增长速度 1～3 季度是 6.2%，去年同期 1～3 季度非金融行业的增长速度是 7.1%。一年下降了接近 1%，这个下降速度，还是非常惊人的。难怪企业家朋友们如果从事传统行业，搞钢铁、水泥、建材、有色的，一定现在经营情况非常困难。我想很少有例外。

行当选错了，你再有本事，也很难跳出来。上半年钢的产量，勉强正增长，主要靠出口，出口到欧洲、美国。现在德国人在抱怨，说中国人的钢铁在倾销，英国不错，早就调整了，现在也做出了决策，英国本国的钢铁厂要关门了，英国工业革命这么多年以来，第一次英国本土不生产钢铁了。给中国让步，中国钢铁大量倾销到这些国家。水泥、建材上半年是负增长，-2%～-3%。这是当前中国经济的第一个挑战，趋势性的下降。今年全年增长速度可能会报出来 6.9%，第 4 季度还是不错的，但是这个数字的背后，传统的实体经济行业目前仍然不景气。

这是第一个挑战。这个挑战还会持续多少年？我个人估计，明年上半年可能是最困难的时期。如果明年上半年能比较平稳渡过，下半年可能出现一个 U 型的微弱回升，因为明年下半年几件事情值得期待：

第一，二胎政策开始逐步显现进一步拉动消费的作用。我做过粗略的计算，第一批享受二胎政策的这批家庭，应该是年龄稍微高一点，接近生育期后半期的家庭，这部分家庭对二胎消费的强度应该高于平均的二胎的能力。比较靠谱的估计是多生出来 200 万～250 万婴儿，通过消费系数，各种测算，大概能够拉动 GDP 0.2%。但是这个恐怕要到明年下半年才开始发力。

第二，房地产去库存的能力，尤其三四线城市，应该说开始止跌，就是房地产投资开发的速度开始止跌。目前很低，投资开发速度只有 2% 左右，而且目前为止基本还是逐月往下走。到明年年中大概止跌，房地产投资开发速度开始往上走。并且今年 5 月份开始房地产销量和价格已经开始上行。

第三，固定资产基础性投资项目，最近一年以来有所放缓，大量投资项目积压在各个部委，由于各种原因还没有落实。所以到明年上半年，应该开始有所恢复。这也是国家目前的着力点，把已经规划、资金到位的项目要贯彻下去。

这三件事，导致我们经济在明年下半年有一定的回升。但是这个趋势，恐怕还难以变成一个长期的趋势，可能我们还要做一到两年比较艰苦的思想准备，经济还在出现一定的下行，因为整个结构正在深刻调整。

这是第一个压力，国际、国内都是这个压力。

我特别想强调的一点，这个压力，应该说是比较短暂的，“十三五”头一两年这个压力比较大，如果各种调整政策到位，中国经济自身的增长潜力应该不止 6.8%、6.9%，应该能到 7%，甚至更高。我们做了大量的测算，比较了跟中国经济发展阶段目前类似的国家，我们发现跟中国经济类似的国家，在这个发展阶段也就是人均 GDP 刚刚达到美国 21% 左右的水平。我们经过仔细分析，中国目前的基本社会、政策体制的基本要素是满足的，满足继续提升的这些条件。给定满足条件，在接下来若干年增长的潜力，应该不止目前这个水平。也就是说，目前的困难应该是周期性的，应该是短期的、结构调整没到位所带来的。

根据我们的预测，我们估计在“十三五”期间，我们的增长潜力应该能在 7% 左右，甚至更高一点。因为前提是要释放我们的一些基本增长点。

展望到 2050 年，根据我们的测算，中国的人均 GDP 应该能够达到美国的 75% 左右，如果我们继续沿着目前的改革开放路径走的话。人均 GDP 达到美国的 75%，我们人口是美国的 4 倍，我们大概能达到美国经济的 3 倍左右的水平。换句话说，增长下降的困难，是短期的，应该看到长远的增长的潜力。

这是第一个趋势性的短期挑战。

（二）巨幅的结构调整

结构调整已经在我们身边，我和同行们对这个事谈得不够，甚至很多人讲结构调整还没有进行，我完全不同意。结构调整已经在我们的身边，我们已经看到的，是一些比较明显的趋势，还没有看到一些重要的趋势。

我们看到了什么？我们看到了劳动工资增长速度超过名义 GDP，蓝领工人在很多行业的增长速度是两位数，10% 以上，明显超过我们的名义 GDP 增长速度；我们看到具有 4 年工作经验的，读完职业高中的工人，他的工资超过大学毕业生的工资，尤其是建筑行业，轻而易举；我们看到老百姓可支配收入，就是可以花的钱，不算退休养老钱，占 GDP 的比重从 2007 年开始已经上升，2007 年是最低点，工资收入占 GDP 比重只有 42%，全球都属于最低的，现在这个数字往上涨了，已经 50% 以上了；跟这个密切相关的是，我们看到老百姓的消费已经起飞了，在第一线的我们的电商们，淘宝、京东、一号店感受最明显，消费已经起飞，谁的消费？年轻人的消费。年轻人什么样的消费？服装的增长速度，国内的旅游增长，这是消费的重心在往下移，原因就是劳动收入在涨。

我们还看到中国经济2007年以来，贸易顺差除了今年之外，一直在缩小，换句话说，我们出口的速度没有跟上进口速度，很正常，国内消费能力的提高，国内吸纳国外产品能力的提高，今年是例外，因为今年国际大宗产品降得太快，以至于我们进口增长速度只有-15%，一半以上原因是大宗产品价格带来的。所以今年我们创了一个纪录，今年贸易顺差将是改革开放以来最高的，大概接近6000亿美元。之前的最高点是4000亿美元，3900亿美元是2007年创造的。这件事跟中国经济的汇率走势又相关。中国汇率兑主要汇率如果贬值，国际上会引发一轮剧烈的抗议，加上今年我们是20国峰会的轮值主席国，所以我相信未来一段时间中国的人民币汇率至少相对一揽子汇率，基本上是保持稳定的，既是我们国内也这个能力，也是国际责任，因为我们顺差还在上升。其他的很多国家出现了国际收支的困难。这是结构调整浅层次的现象。

深层次的是什么？深层次的结构调整，就是中国劳动力价格在上升，老百姓对环境的要求在提高，老百姓对生命的尊重在提高。这些对经济有影响，带来了我们矿业发展、农业发展、重化工业发展必须转型。过去可以搞点钢铁，老百姓没注意，雾霾天大家觉得无所谓，现在不一样了，雾霾天成了公众话题。治理雾霾最重要的一个地方，就是重化工业。在上海你们也许感受不够深，我从北京过来，最近一段时间重头话题是雾霾，而且雾霾的一个重要因素，是周边的燃煤的产业，主要是那些冶金工业。所以雾霾天，老百姓对环境寄予的价值更高了，带来环境的压力，必须调整。高污染、高耗能的这些产业，必须淘汰。所以中央下了决心，经济工作会议上讲了，未来一年的工作重点之一，就是淘汰落后产能，淘汰过剩产能。为什么有这个决心？我相信不光是经济原因，一个重要原因是社会原因，到了这个时候了，该下决心要淘汰一批落后的污染的产业。而且我个人观点，我做过一些研究，中国雾霾治理，比之于发达国家，应该容易一点，因为我们的污染源比较集中，我们今天的汽车排污标准，远远高于40年前洛杉矶，我们今天的很多新车出厂标准，比同时期美国的车还要高。我相信主要的治霾的方向，应该是重化工业，源头比较集中。汽车也可以治，当然是搞电动化，但是目标比较明确，源头比较明确。我相信中国治理雾霾，不需要洛杉矶那样的40年时间，如果政府有决心，社会齐心协力，产能更新的话，我相信5年之内，应该有点见效。这是结构调整的一个方面。

再比如说，老百姓，现在他的工资提高了，对生命的尊重提高了，每爆发一个矿难事件，我们感受跟以前不一样了。受社会关注非常多，各种各样的议论，各种各样的行动都来了。这是好事情。这表示未来我们矿产这个行业也必须调整。

今天是什么情况？基本是国内的矿的价格是国际上进口价格的一半，农产品也是这样，大豆、铁矿石、棉花、煤价格基本是别人的一半，现在是靠政府政策在撑着，限制进口，必须保护我们产业。但是大势所趋，劳动力成本提高了，矿难带来的社会成本提高了，从大的方向讲，必须调整。这就是结构调整的根本需要。政策调整也是，对粮食问题，“十三五”规划提出来“藏粮于技，藏粮于地”，已经不强调粮食连续多年要增产了，要打好基础，保护我们生产粮食的能力，一旦国际上短缺，可以跟上，平时可以进口一点粮食，这是重大的一个政策转变。这是结构调整，必须要看清楚。

（三）金融领域

严格讲，金融领域是实体经济的一个反映、一个镜面。实体经济任何变化，都会反映在金融领域。实体经济目前正在进行一轮新的调整，大量的产能过剩，很多行业亏损，一定会反映在金融行业。所以金融行业一定是蕴藏着风险，毫无疑问，这么多亏损的钢厂、传统行业，一定是短期内由金融行业背着。所以我估计，“十三五”期间至少头几年，反复强调金融行业要防范风险，同时要允许金融行业甚至鼓励金融行业主动进行重组，调整一些风险，而不能盖着捂着，这也是我们“十三五”头几年的一个重要的挑战。

具体说来，我们谈谈金融行业有哪些风险。我个人认为银行的风险应该不太大，银行必须调整。现在有呆账坏账，但是盖着捂着，没有反映出来。即便是按照高标准来衡量，银行业的风险应该可控，银行的问题是作为长期趋势，他的利润有可能会下降。银行以前日子很好过，这个时候恐怕过去了。2015 年实现了利率市场化，银行之间开始竞争了，所以银行的风险不太大，但是有一个长期发展的挑战，就是如何转向更多元化的业务。

房地产和信托风险，我个人认为基本问题不太大，因为房地产这个行业，我们喊“狼来了”喊了很多年，应该说房地产的大的开发商，已经做了充分的准备，他们现在拿地、开发地，都是精确控制金融成本，所以房地产引发的金融的危机，我也不是太担心。跟这个相关的是信托，大量的是给房地产的，这个不担心。主要风险在两个地方：第一，公司债，2015年发展非常快，而且发行过程中投资者尤其是6月份以后，饥不择食，大量资金涌向公司债，很多利率已经发到跟国债差不多了。但是公司债的风险一定高于国债风险，这个风险没有充分的评估进去。所以公司债是未来一个蕴藏风险的地方。第二，就是监管不利的乱融资，民间融资，民间集资，包括泛亚交易所的事情，这个更多是社会风险，经过精心控制，应该风险能控制住。主要担心社会风险、恐慌。这个问题上，我相信2016年国家可能会有序地采取措施去重组，允许部分乱集资项目宣布重组、破产。有关部门拿出一部分钱，补一部分，但是不全补，让投资者自己也承担一些风险。

股市风险，经过了6月份的调整，基本已经过去了。我倒不是很担心。回过头看6月份跟8月份两次股市调整，客观地讲，这轮调整总体上还是理性的。因为这轮调整的幅度比之于2007年10月份，到了2008年11月那个幅度还小。2007年10月份是从市盈率70倍一直往下调，调到了2008年11月市盈率的10倍，70到10倍之间的巨幅振荡。这一次，我们市盈率在6月12日最高点大概30倍，我指股指，调到最低点的时候15倍左右。所以这轮调整的波动幅度小于上一次。这一次调整的速度，相对也是比较快的，6月份调整到了年底，回到今天，收市大概3500多点。今年还是10%以上的增长，所以这轮调整，我们可以说这里面有很多问题，但是总的来看，这轮调整是有惊无险的，看股市这轮调整，还是比较理性的，速度比较快，波幅没有那么快，基本属于快速调整。我的观点是，股市比以前理性了。为什么理性了？今天机构投资者比以前毕竟是多了，包括私募，毕竟有做空机制，毕竟金融工具多了。正是因为有了做空机制，才使我们股市在 5100 点位上往下调，才没有到 1 万点。所以应该肯定股市的发展，应该肯定股市变得更加理性了。再加上香港跟上海有沪港通了。

二、三个机遇

（一）紧紧抓住结构调整

结构调整是一次大洗牌，首先，必须把行业选对。如果选了一个夕阳行业，很难在夕阳行业里做出新东西。相反，如果你选了一个朝阳行业，当然并不能保证你朝阳行业能干得好，至少行业选对。所以我呼吁，企业家朋友们你们是创业英雄，是二三十年前的创业英雄，今天又碰到一个新的机遇，又必须第二次、第三次创业。你必须问几个问题：在现在的传统行业里，你做了 5 年也好，10 年也好，还有没有竞争优势，还有没有最核心的竞争优势？如果有，很好，干下去，你得并购别人，做大，不能按过去的做法来做；如果没有独特的竞争优势，为什么要做呢？你应该主动撤出来，投到新的行业去。

下一个问题，怎么创业？已经做了二十年企业了，我碰到很多企业家，我说很简单，你必须找年轻人，包括你的孩子。在国外读过书、工作过的，在国外看过的，搞过互联网的，对年轻人的游戏很熟悉的，把你的经验、创业精神跟年轻人的活力、视野结合在一起，一旦这个能结合，那个机遇多得很。我碰到过很多这种例子，而且我发现一个规律，读书越少的企业家，往往他玩的东西越高科技，我真有这个感受。很多小学毕业生，他搞的东西我听不懂。比如说从植物里提取激素，企业家跟我讲这个东西是院士发明的，我说你怎么知道？我听不懂，说明懂这个的人不太多，这个企业家小学毕业，我说你怎么懂这个化工的东西，搞激素？成本优势很大，他说我参加各种各样的科学类的、工程类的讨论会，只要听见一个东西，追过去，问院士难不难，没有什么难的，必须货比三家，不能只听一家之言，包括专家。还有一个企业家，福建的，小学毕业，跟瑞士人竞争，生产集成电路的机器，搞精密设备，我说这个你也懂？他说不懂，我学，跟清华大学的微电子所的人合作。这种精神，恰恰是转型期间我们需要的。

总的来讲，这个结构调整有什么基本的大的规律可循？我作为经济学者，不懂技术，在我看来，接近消费的，是一个增长点。消费起飞了，离消费比较近的，会好很多，比较远的比如水泥、钢铁，目前这是过剩的。接近于需要技术、需要工程师的这些行业，我们有优势。为什么华为、中兴通信有优势，深圳大江科技有优势，搞基因的有优势？那是因为中国工程师多，中国一年 700 万大学生，至少 1/4 学工程，工程师培养比国外有优势。清华大学被美国一个权威杂志评论，说我们本科工科生的教育超过 MIT。不管怎么说，中国人培养工程师，还是在行的。

这些请大家关注，找对大方向。这是第一点，紧紧抓住结构调整的机遇，但不能抱怨。我们精神是一致的，要抓机遇，但是不能抓简单的机遇。

（二）一定要关注区域的再调整，中国经济地理的再调整

中国经济下一轮的增长和过去 30 年有什么不一样？最大的不同，我们现在开始出现了人口的自由迁徙，过去没有，我们靠户口、分配工作管人，农民工不能落户。现在不一样了，现在要想方设法让农民工买房子，化解库存。事实上我们将出现一场竞争，各个地方政府尤其是三四线城市人口的竞争，进城的农民工、技能工人，一旦有竞争，哪些城市能做大？这是市场说了算。所以请大家关注，哪些地区有竞争力。

怎么看？人口基数大的城市或者地区有竞争力，比如安徽，人口多，第二是交通便利的有竞争力。合肥就是很好的例子，成为中国四大高铁枢纽转接站。第三个优势，就是气候，很重要。既然是自由迁徙，人家不光选职业，还要选气候，所以请大家一定关注。

安徽省比邻浙江、江苏，可是安徽省人均 GDP 只有浙江、江苏的一半不到。这就是潜力，这些地方正在快速地发展，合肥正在修地铁，盖房子，搞白色家电。这就是经济地理的力量，一定把这个趋势要看清楚，别跟它抗争，顺这个趋势走。

（三）要关注金融

金融的确离不开实体经济，我们不能脱离实体经济搞金融，但是我要跟大家呼吁，金融随着老百姓的财富的增长，不断上升，随着老百姓过上了温饱生活之后，金融服务将变得越来越重要。我们周边的朋友关心的话题，未来可能逐步从如何提高工资，如何找工作，转向如何财富升值保值。这个里面，就会对金融服务提供大量的需求。所有经济体都是这样的。金融行业正在经历一个翻天覆地

的变化，包括互联网金融。下一轮的马云，我相信将会出现在金融行业。下一轮的淘宝、京东，一定是一个金融平台，一定是金融的淘宝、金融的京东。以后不是老百姓自己炒股了，是找专业公司，很多财富管理公司正在上市，很多金融交易平台正在竞争，准备搞下一轮的融资。这就是发展趋势。

第五章

“十三五”开局，改革展望

2016 年财政政策解读与展望

原财政部财政科学研究所所长　贾　康

对于总书记提出的供给侧的概念，我们要做一些分析和认识。2015 年基本情况是：经济下行压力没有得到解除，我们从 2000 年以后的 GDP 增长速度可以看得比较清楚。2010 年在抵御世界经济危机之后，现在在继续下行的过程中，2010 年经济增长 10.4%，很可能是中国经济两位数增长的反弹，以后很难出现两位数的增长了。本来认为 2015 年将看到一个阶段性触底，由于发展过程中加入了原来没有预料到的波动和不确定性，下行的过程还在继续。如果 2016 年处理好，2016 年将有一个阶段性的探底。我们希望能够对接一个企稳的状态，2010 年以后告别两位数增长，对接一个增长极中高速平台，我们正在实施追求过程中。

财政增长乏力，从指标来看，我们也是可以看到 2010 年财政收入出现了一个 20% 以上的收入增长，2011

年继续摸高到 25%，再往后又是向下，这几年越走越低，2014 年在 8.6% 左右。财政总体要服务全局，财政解决的是政府如何更好地发挥作用，怎么履行职能，必须处理政府钱从哪里来，用到哪里去，涉及收入分配整个体系。处理公共资源的配置，必然影响社会资源的配置，影响各行各业，包括钢铁行业、物流行业，都是财政政策、货币政策等等发挥作用。

财政政策结合改革、管理的特点。

第一，坚持积极的财政政策，加力增效（赤字率上升为 2.3%～2.7%）。

第二，强调突出重点、优化结构、支持供给侧结构性改革。

第三，结构性减税仍在进行时，中小微企业进行创新激励。财政政策最内在的逻辑是在配合需求的同时要实行供给管理。在这一年里面，财政政策继续强调突出重点、优化结构，是承前启后的，涉及基础设施、民生、教育等等方方面面，支持供给侧结构性改革。随着五中全会的精神，系统化提出了发展新理念，全面改革、全面法治化，大家都提出了四个全面战略全局，中央开始明确表述供给侧结构性改革，要怎么发挥突出重点及优化结构应有的作用。

针对“结构性减税”，有的朋友说这个词说得不够，不如全面减税来得实在，我们可以理解这种心愿，但是中国结构从全球来说，不是全面减税的问题，而是有增有减的问题。伴随机制性改革，鼓励企业做专业化细分，鼓励企业在简洁环境当中更好做公平竞争，它有这样一些机制性的进步。服务业得到直接结构性减税的好处，我们物流、服务等很多行业直接受益，跟它相关的上下游也会得到好处。为什么？因为在这里形成了稳定的上下游客户关系，处于边缘的企业要努力做大，争取占有更多的市场份额。

我们要激励企业加大科技投入、增强自主创新能力。现在，企业研发的所得税优惠政策，可以做备案制，不像过去层层审批，很麻烦，往往通过不了，而通过备案制的方式就可以享受优惠。增税以后使大家节能降耗，意识到依法税收因子带来的负担，你就必须在这方面争取捷足先登。

第四，转移支付、补贴、基金等，发挥其定向支持作用。

第五，财政支出管理，一再强调加快进度，盘活存量。

第六，财税改革推进遇到一些难题，已经表现出跟时间表不匹配的迹象，但将义无反顾地努力推进。营改增是最典型了。销售税的改革不断传出风声，但是始终没有迈开一步。大家都高度关注房地产税，2015 年下半年终于听说纳入全国人大立法规划。如果纳入了立法规划，那么我们就可以看什么时候启动房地产税一审，一审以后肯定会征求社会意见。还有一项是个人所得税，其他税制都有时间表，但是个人所得税一直未能取得突破性的进展。

2016 年展望，"十三五"开局为稳增长，赤字率应有调升，公债杠杆应更有力地使用。为促改革、转方式、优结构、护生态、惠民生、防风险，将注重供给管理，突出重点，鼓励创新。虽然它比需求更加有挑战性，但是无可回避，我们要讨论怎么突出重点、区别对待、兼顾一般、鼓励创新等等事情。

我做了几年相关供给侧研究工作，在五中全会当时也做了一个研究报告，怎么优化供给侧活力，实现整个经济发展动力转型。下面的这些观点，是研究成果里面的几点基本认识。

我们把中国特色、中国国情和必须看待世界范围经济社会发展共性规律结合起来，提出要注重供给管理，在原来的货币政策、财政政策两大政策配合之下，需求管理要继续起作用。在新常态问题和挑战面前，必须注重在总量调控的同时，坚持有所区别对待。加强中国三农社会保障，区域协调发展，自主创新，节能降耗，生态保护等等方面，不仅增加国民经济中的有效供给和可持续发展支撑条件，并适应了激发微观主体活力，增强经济发展动力的环境建设客观需要，这只会改进而不会恶化总供需的平衡状态，只会有利于维护又好又快的发展局面而不会助长下一期的通货膨胀和经济过热，而且将会增强我国在国际竞争中的综合竞争力和发展后劲。

在中国的调控实践当中，针对客观需要，并结合世界金融危机以来全球范围内对经济学理论及政府实践的反思，应把供给管理摆在长期视野中，并更多地加以强调和优化。作为一个转轨中的发展中大国，大思路定位必然是守正出奇，充分尊重市场在资源配置中起决定性作用的地位。

具体涉及到供给侧，两大方向，第一就是我们的行业产业上，另外一个是制度供给问题。我们的供给侧改革，它涉及主要的机制，就是要特别强调，市场在配置中总体要发挥决定的作用，结构的优化怎么对接市场，就是优胜劣汰这个压力。

成千上万的企业，政府没有一一甄别谁是落后产品代表，这个优化过程是对接市场。中国现代化一路靠市场，它的作用就对接到伟大民族复兴。政府方面警防过多干预。供给侧结构性改革核心就是在新的历史起点怎么攻坚克难，实现社会主义目标对接现代市场体系进一步的提升和确立。

产能过剩的企业就是要充分做好准备，进一步观察政府所说可接受的区间，到底下限是什么状态，这个下限如果没有被击穿的压力，就不要寄希望政府方面启动大规模刺激政策来缓解困难。这几年中国就业相当不错，今年很可能新增就业岗位 1400 万个，只要就业这方面看得还不错，就可以认为我们的结构调整正在推进。经济中间每个 GDP 增长点提供就业岗位已经翻倍，这些都是产业结构的调整。从全局来看，我们有进步。

政府在钢铁等行业，必须忍受结构调整的阵痛，如果在阵痛发生过程中，一部分企业要出局，政府要做什么？很明显政府维持公平竞争的环境，政府进一步优化社保体系的配套，兼并重组，优胜劣汰的过程要维持社会基本的稳定，下岗的职工要得到尽可能再就业培训。

怎么优化供给侧活力，我提出了一些基本的建议，具体如下：

第一，立即调整人口政策，总控制人口数量转向优化实施人力资本战略。

第二，积极审慎推动土地制度改革，逐步建立城乡统一的土地流转制度。

第三，全面实施金融改革，有效支持实体经济。

第四，为企业经营创业活动松绑、减负，激发微观经济活力。比如说改革开放初期，大量劳动力是我们的优势，最新的情况是什么？已经有几年的民工慌，招工难，换句话说就是农民工收入在提高，没有更高的收入招不来人。很多企业往周边的国家转移，这些就是挑战了。过去土地和自然资源不跟市场对接，一旦跟市场对接，就会激活各种各样的物质追求，但是现在矛盾累计起来。北京近两三年拆迁是 1 平方米的面积要对应 5 倍的商品房，如果碰到

100 平方米的拆迁，这样一个对价，可以使相关的主体一夜之间成为 2000 万以上的富翁。因为北京五环之内 1 平方米 4 万出头，这个情况在发展过程中不得不面对。我们的资本一开始引进外资，同时带来资金管理经验和技术，支持我们的发展过程。但是现在民间资本雄厚起来，常规投资边际效益递减。前三个要素的动力支撑作用在明显衰退，而后面两个因素到中等收入阶段要抓住不放，全要素生产力来源就是科技创新和制度供给。

科技创新是第一生产力。对于企业怎么把科研成果跟市场对接，就必须有新的要求，新的作为。制度供给在改革开放大潮下，以市场改革加上开放，倒逼市场改革，支撑了中国现在已经走到中等收入的阶段，再往下就是困难重重，五大要素摆在那里，新的动力机制需要后面两项动力去释放，对接三项动力消减，形成长效机制混合动力系统。

我们要积极推进土地制度改革。我们必须实施高水平人才队伍培育。我们的科研人员怎么调动积极性，要建立健全科研和财务管理等相结合的内部控制制度，这件事非常值得我们注意。

想把五大要素的潜力释放出来，就是要把解除供给约束的事情做好，必须配合方方面面的改革，在这里面简单举两个例子，一个必须结合深入推进，形成审批制度改革，现在在多轮审批项目之后，减到了几百项，只有让整个行政架构按照脱胎换骨的要求做一翻改造，才可能真正有效转变政府职能，减少各个部门审批不合理的部分。

第五，要大力实施教育改革和创新驱动战略，培育高水平人才，有效建设创新型国家。除了财税改革、收入分配改革等等，以满足公共服务需求、优化结构和调动潜能为大方向，积极理顺基础资源、能源产品比价关系和价格形成机制，积极实施选择性有效投资和 PPP 机制创新。这两年政府制定各种各样的文件，要求对接大批园区建设项目和公共工程，对应和我们实体经济有一定距离的产品，比如说修桥修路、各种各样的医院和基础实施。他们需要什么，立项之后，和政府企业一起以签合同方式锁定，并受法律保护来建设，建设和运营结合在一起。这里面释放了一个空间，原来所谓过剩产能有可能转化为有效产能。它需要的要素首先就是钢材、水泥、劳动力、技术力量、管理力量，如果在这方面有更高的水平，这个机遇对钢铁行业来说要高度关注。

这里面把产业园区、产业集群的要素和所有功能区等等打通，除了要钢材、建材，还需要什么？很可能有高端的实体经济在里面。这些创新带来的供给侧跟市场对接而调动潜力、活力的机制，非常值得关注。

2016 年是化解落后产能的最好时期

清华大学经济管理学院博士生导师　李稻葵

“十三五”开局尤其是 2016 年，我们特别提醒大家关注六件事情，并提出我们的展望和预测。

一、化解产能过剩

中央明确提出 2015 年的工作重点是化解产能过剩，李克强总理在 2015 年 11 月的一次座谈会上讲到，本届政府头两年的重要任务是产生新动能，包括通过“双创”产生新动能，未来两三年重点化解存量、产能过剩，解决存量问题，化解产能过剩应该说条件成熟了，因为就业形势已经有利，金融情况包括商业银行经营情况总的来说还是不错的，这比起 1999 年那一次化解过剩产能，今天的形势是太好了，而且我们分析认为化解产能过剩，一定先苦后甜，头两年比较苦然后就会甜。以钢铁行业为例，国内需求大概在 7 亿吨，出口 1 亿吨，可是产能，12 亿吨产能，有 4 亿吨的钢铁产能需要淘汰。

好处是什么呢？好处是目前 4 亿吨利润很低，稍微给一点补贴，用环保、空气治理、向雾霾宣战做一个重要的冲锋点，这些落后产能不冲自垮，给一点补贴再给点舆论压力，落后产能比任何时候都有条件得到化解。一旦 4 亿吨落后产能化解掉，中国钢的价格翻一番，一旦价格翻一番，好处就来了。为什么？新产能就会开始投资。不用政府投资，民间就会投新产能，用新的、绿色的、节能的、不产生雾霾的钢铁产能去替代这些落后的、产生雾霾的钢铁产能。到了那个时候，我们投资也会上来，到了那个时候，北京蓝天将会越来越多，我们对化解产能给予非常高的期望，这既是经济工程又是民生工程。

二、2016 年最吸引眼球的问题是房地产去库存

我们在这里进行了一点比较仔细的分析，发现房地产是双重的两极分化。第一个两极分化是大城市去库存不成问题，北京、上海、深圳等等地方很快有一轮新的投资开发的热潮，但是三四线城市的库存量比较大。第二个两极分化是商业地产和住宅地产冰火两重天。商业地产库存量是 18 个月，要 18 个月才能化解，住宅地产商品房平均只有 6 个月，即便是按 18 个月来算，我们估计到了 2016 年年中，产能化解的速度也应该使得库存降到 12 个月左

右，历史的经验告诉我们，一旦库存降到 12 个月，拿地开发的热情就会回归了。所以我们估计 2016 年年中是一个转折点，应该能够出现房地产投资开发速度的回升，从去年 1% 的增长，能够回升到 4%、5% 的水平，我们并不指望房地产市场能够达到 10% 增长，只要能到 5%，我们认为对整个宏观经济支撑度就够了，整个固定资产投资能够稳定在 10% 左右，这样全年的经济大概应该能够走出一个 U 型的轨迹，年中是一个关键点，6 月份是房地产去库存的一个关键点。

我们还补充一点，我们向政府建议，不仅靠户籍改革化解库存，把农村人口能够部分地吸引到三四线城市，这个我们高度赞同，同时我们还提出一个建议，在有条件的地方，是不是可以适当拿出一部分政府发债的钱跟开发商进行协商，用比较低的价格把库存买下来，买下来之后，由政府来经营、出租，出租给谁？租给那些刚刚进城想买房子但是还买不起房子的农民工或者市民，通过 BOR 的方式化解一部分的库存，这个速度比靠户籍改革要快一点。

三、人民币是 2016 年的一个重要话题

为什么这么讲？告诉大家一个数字，我们国家外汇储备 2015 年降了 5000 亿美元，从年初 3.8 万亿美元降到了 3.3 万亿美元，5000 亿美元背后是什么呢？背后事实上还应该有 2000 多亿经常账户的顺差进来。我们外汇储备增长来源是顺差，我们去年是顺差

的，去年贸易顺差6500亿美元，经常账户是2000多亿，服务贸易是赤字。尽管经常账户是顺差，外汇储备下降了5000亿美元，什么原因？我们算来算去发现，大概有6500亿美元通过资本账户出走了，再分析一下，这6500亿美元是怎么组成？大概有1500亿美元是正规对外投资，比如说我们去阿根廷投资、去俄罗斯投资“一带一路”，其他5000亿美元是不能够完全统计出来的，这个速度我们觉得比较令人担忧。因此我们特别提出国家应该高度重视这个话题，我们作为百姓也应该关注这个话题，我们建议应该采取双管齐下的措施。

人民币汇率政策非常明晰地向全世界宣示，我们对一揽子货币的汇值保持稳定，每天公布人民币一揽子货币的汇值。美元如果升我们可以对美元贬一点，我们对一揽子货币要保持稳定，为什么这个重要？汇率市场打就打的预期，大伙预期人民币贬值，都会把人民币换成美元。我们货币存量翻译成美元是20万亿美元，只要有五分之一的百姓去把自己的货币换成美元，外汇储备就不够用了，一定要打预期，我们反对什么？我们反对的是把境内外汇跟境外外汇汇率对标，现在往往有一种情绪，你看人民币境外汇率，中国的香港和英国的伦敦比较低，境内应该追那个东西，恰恰相反，境外是炒作，他们认为中国政府用汇率贬值的方式维持经济增长，这是完全错误的，反过来做，稳定境内汇率，让境外人追我们，毕竟我们是主流，我们是大市场，这是第一件事，我们高度呼吁。

第二件事特别重要，我们认为应该牢牢管住资本账户，已经承诺开放的项目打开，不走回头路，但是没有承诺的项目，比如说机构到境外去搞股票投资，要坚决管住，尤其要管住在境外有分支机构的境内大机构包括国企、央企，防止他们利用境内境外机构进行不合理的套利。

我个人认为，我们外汇储备应该有一个目标，2016 年不能低于 3 万亿，还有 3000 亿压缩的空间，3 万亿是一个坎，跌下 3 万亿会实现自我循环的预期。

另外再补充一点，如果我们能够针对一揽子货币保持稳定，恰恰是全球世界经济所需要的国际货币，世界不需要一个国际货币不断升值，也不需要像日元一样不断贬值，如果对一揽子货币稳定汇值的货币，长此以往，国际友人、国际投资者都愿意用人民币发债、融资，人民币才能真正成为一个国际货币，我们也对全球经济提供一个帮助。

四、金融稳定，这一轮经济结构调整的挑战

如果把这一轮经济结构调整跟 1999 年那次进行比较，我刚刚说了，今天我们实体经济调整的条件比 1999 年好得多，根本不在一个数量级，不可同日而语，去产能、去库存都没有问题，但是今天的复杂性相对于 1999 年，中国金融从来没有如此活跃过，参与金融的百姓人数从来没有这么多，中国对世界金融的影响以及世界金融对我们的影响远远没有这么大，管好金融调整是重中之重，一定要有纠错机制，有错赶紧改。包括注册制，赶紧改革，高度关注投资者情绪，管理好投资者预期。2016 年中国金融市场可能还会

有一些波动，从股市到债券市场甚至于 P2P 甚至于理财市场都有可能出现一定的波动，我们呼吁大家，一定要有定力，一定不要恐慌，我们也呼吁大家一定要有耐心，中国经济的基本面的的确确在全球范围内是数一数二的，中国的金融有实体经济作为后盾，不会出现重大问题，我们作为投资者必须要有耐心，要有定力。我敢讲，这一年过去，有定力、有耐心的投资者的收获一定是比容易恐慌投资者大很多很多。

五、消费

消费可以关注什么呢？关注二胎政策，我们预测会在今年下半年发力，我们做了很多的测算，我们测算二胎政策应该在这一次能够带来一批想生孩子不敢生孩子这批人的首先的尝试，所以这批家庭首先会利用好二胎政策。今年下半年我们估计大概有 200 万到 250 万二胎婴儿出生，我们又经过仔细测算，我们认为这部分家庭相对而言经济条件会好一点，相对而言他们对二胎的期望程度比其他家庭高一点，在二胎出生之后消费倾向、欲望比其他家庭高一点，根据我们测算大概能带来 0.2% 的 GDP 上升，这是下半年才能发力点，反过来讲上半年是关键，上半年宏观数字不好，请各位投资者一定稍微耐心一点，下半年二胎们将会来帮助我们的。

六、固定资产投资

固定资产投资大概在年中左右出现稳定态势，很多项目到了6月份就大概可以落地了。

对2016年经济形势做一个展望，我们认为2016年整体来讲GDP增长速度有望维持在6.8%，上半年可能会低一点，也许能低到6.6%、6.7%，请大家耐心一点，下半年有所回升，全年6.8%。固定资产投资我们估计大概跟2015年保持基本持平，10%左右。广义货币与2015年的增速相比略有一点点下降，13.7%，但基本上是在一个数量级，2015年是13.9%。消费持续上升，其中我们预测零售增长速度仍然能够维持在11%左右，是一个相当健康的零售增长速度。物价水平，由于去产能逐步到位，大宗产品价格逐步走向稳定，我们认为2016年CPI有望逐步走稳维持在1.8%，比2015年略微高一点，2015年CPI预计是在1.6%，略有上涨。同时我们也特别期待一件事情，2016年工业产品价格指数有可能逐步收窄，最近数字是4%，我们通过去产能让它在1%左右，这件事情实现，工业企业整个生存环境大大改善。

关于进出口，出口形势仍然比较困难。因为发达国家全球化的进程有所逆转，周边一些国家在一定程度上取代了我们的低端的出口市场，所以出口我们认为在2016年只是微弱正增长0.2%，比之于2015年的负增长，-3%左右还是一点小进步，但是基本上是零增长。

进口继续萎缩，由于目前各种各样的进口大型设备的速度比之于以前有所放缓，我们有了自己的产品替代，所以进口我们预计在2016 年将会出现 -2.5%，注意到 2015 年的进口是 -15.3% 的增长，出现了巨幅下降，2016 年将缩小到 -2.5%。总的说来，2016 年贸易顺差略有上升，由 6000 亿美元上升到 6400 亿美元，为我们汇率稳定创造了有利的基础。

未来十年中国经济增速仍可重回 7% 以上

清华大学经济管理学院博士生导师　李稻葵

中国经济仍然有巨大增长空间

近几年国际上有两篇重要文章影响很大，一篇文章的作者是加州大学伯克利分校教授巴里·艾肯格林，他认为，世界各国经济增长达到人均 GDP1 万美元后，增速都会下滑。世界银行前首席经济学家、美国总统奥巴马的经济顾问萨默斯在另一篇文章中指出，历史上，高速增长的国家，6% 以上的高增长一般只能持续十年左右，第二个十年就无法持续，而且这个概率非常高。根据他的算法，中国经济不可能保持 30 多年的 6% 以上的增长。我觉得，判断中国这么大的经济体未来能不能增长，不能只算概率。

国内学术界的主流观点为什么比较悲观？主要有三个理由：第一，人口老龄化已经成为大趋势，中国经济的劳动力供给将会下降，2015 年劳动力人口的总数量就将见底，中国经济增长速度会逐步下降。第二，他们通过计算中国的投入产出、资本增长、劳动率增长、全要素生产效率增长，再加上一些历史推断，认为中国经济潜在增长速度会下降。第三，国务院发展研究中心课题组的研究认为，当一个经济体的人均 GDP 达到某一水平时，经济增速往往会不断下滑。中国人均 GDP 将达到 1.1 万美元的水平，或者接近这个水平。

我不同意上述观点。我认为，世界银行搞出来的所谓“中等收入陷阱”这个概念本身就经不起推敲。研究一个经济体是否有继续增长的潜力，一个重要指标应是这个经济体与世界领先经济体的差距。因为在技术、商业模式创新等动力的推进下，领先经济体还会继续保持增长，其人均 GDP 发展水平并非停滞于一个绝对值。环顾全球人均 GDP 最高的美国，人均 GDP 达到了 5.3 万美元。而按照购买力平价计算，中国人均 GDP 仍然只是美国 20% 的水平。而在历史上，人均 GDP 达到 1.1 万美元的经济体，与美国当时的人均 GDP 相比，差距是比较小的，因为当时美国的人均 GDP 远远低于今天的 5.3 万美元。

所以，我们不能按照绝对水平来观察中国经济的增长潜力。在商业模式、生产技术、市场开发、管理理念、体制改革等方方面面的赶超中，中国经济仍然有巨大的增长空间。

中国满足了成为“三好学生”的标准

二战后的70年来，全球100多个中低收入发展水平的经济体只有13个实现了从低收入到现代化的飞跃，实现了中等收入陷阱的突破，即人均GDP从4000多美元上升到12000美元。到底是哪些因素使得这13个经济体实现了经济的跨越？哪些因素导致其他的国家不灵？这是学术研究的一个核心问题。

我认为，有三个条件使得这13个国家和地区实现了中等收入陷阱的突破，我们称之为“三好学生”标准。

第一件事，也是最重要的事情，政府的体制和基本的政治稳定性必须满足。政府的整个体制应该支持市场经济，社会经济的基本稳定必须要保持，基本的法治，基本的社会稳定必须要满足。其中，非洲国家、中东地区、拉美地区都不满足这个最大的条件。中国经过30年的改革，社会主体，尤其是知识分子，都基本认同市场经济的发展机制。十八届三中全会报告写得非常清楚，市场应该在资源配置中发挥决定性作用，这个是社会共识。这些条件中国都满足。

第二件事，基本的人口健康水平和教育水平必须要达到一定标准，这一点中国也走在前列。我国大学的毛入学率，去年统计接近38%。这是什么概念？大概是英国30年前的水平，这是一个非常先进的水平了。我国16岁以上成人文盲率在4%以下，以此对比，印度是30%，而且中国的文盲标准明显高过一般新兴市场国家。按照我们目前的制度规定，即将退休的这批中年人，经过统计发现，他们的健康水平比20年前的50岁的人还要好。健康水平在提高，人均寿命在提高，受教育水平在提高，我称之为有效的劳动力供给在提高。这些将为中国经济增长提供最基本的条件。

第三件事，是否对发达经济体开放。日本人曾经很骄傲地说他们是雁阵格局的领头者，20世纪八九十年代，日本经济兴旺发达，他们是要走向东南亚国家，东南亚国家明确提出向东看，跟日本搞好经济合作。我们的研究表明，一个经济不发达的国家如果在经济、投资和贸易上，跟经济发达国家进行交往的话，他就会学习，他的产业就会发生，他的企业竞争率就会上升，年轻人就会往上走，经济就会不断地往上前进。

综合来看，我们认为，今天的中国完全满足了“三好学生”的标准。

如果说条件满足的话，我们做一个简单的预测。如果按照东亚模式继续前进的话，到2050年，中国的人均GDP应该能达到美国当时的75%左右，相当于今天韩国的水平。即使东亚路径实现不了，走了拉丁美洲路径，中国人均GDP到了2050年也能达到美国当时的37%，中国的经济总量也是美国的1.5倍，按照最保守的角度算，我们也能完全超越美国。所以，从这个意义上讲，中国经济的增长潜力还是非常可观的。

更具体一点，我们预测一下未来十年，中国经济潜在的增长速度是多少？我们可以把今天的中国经济和历史上13个国家和地区在达到美国人均GDP20%以后的增长情况进行比较。可以发现，当日本、韩国、中国台湾地区的人均GDP达到美国20%的时候，接下来的10至15年，他们的平均增长速度都保持在7%以上，很多时候在 8% 或者 9%。其他国家或地区在此发展阶段也继续呈现出良好的增长势头。所以，我坚持认为中国经济具有巨大的增长潜力，从现在开始，未来 10 至 15 年，潜在经济增长速度应该是 7% 以上。

中国经济需要供给侧改革

中国经济在“十三五”期间的挑战和机遇在哪里？我认为，主要包括三件事，这三件事既是挑战，也是机遇。

第一件事，整个供给结构需要根本调整。目前的供给结构是什么？现有的煤、钢、水泥等的生产能力都很强，都是过剩的。以钢铁行业为例，这一行业虽然有十万亿的生产能力，产能严重过剩，但我们的产能却是低端的、黑色的、污染的，亟须政府采取积极措施包括补贴政策，加快淘汰一批高污染、高能耗的产能，尤其是北京附近的一些产能，东北包括鞍山一带的部分产能也应该逐步淘汰。

通过淘汰这部分产能，将使得钢铁的价格有所回升；此后，政府通过一定的鼓励政策，可以使沿海地区建立一批现代化的、主要依靠从国外进口铁矿石和煤的新型钢铁产能，这就保证了生产是干净的、清洁的。当前，国际市场的煤和铁矿石价格往往比国内低一半，如果能够更好地利用国际市场，钢铁行业的利润也可大幅提升。将钢铁等重化工业布局在沿海一带，也使得中国能够更好地实施“一带一路”等发展战略，当未来印度等国家经济起飞之时，由于其基础设施建设和工业化能力远远不足，我们这些现代化钢铁厂正好可以把大量的产品销售到这些地区。如此，中国一大批城市将重现蓝天白云，因为城市空气最大的污染源就是周边的重化工业；同时，也能让一大批事故频发的煤矿和铁矿得以关闭。

为什么要关闭一批煤矿和铁矿？这是因为中国经济经过了30多年的高速发展，劳动力成本已经不断上升，社会对劳动者的尊重和对生命的珍惜程度日益提高，而国内的矿山往往生产成本极高，需要极大的劳动力代价，中国的经济结构调整本身也要求我们的矿业进行调整。这些生产出来的钢铁一部分用来国内消化，还可以盯住印度市场。印度钢产量严重不足，根据我们的研究，印度要搞工业化，经济要起飞，肯定需要大量钢材，我们可以把现成的钢运过去。这是第一个。

第二件事，在金融方面，主要问题是金融领域钱不能落地。我国广义货币M2已经达到120多万亿，GDP是60多万亿，为什么企业还是融资难、融资贵？首先大量的资金在金融领域打转转。百姓现在期望投资回报率非常高，6月12日之前很多朋友希望30%的回报，实体经济哪去找8%、9%的回报率，怎么办？应该把金融领域泡沫捅破，想要8%、9%的回报率可以去投，可能会受损失，应该有意识地让若干不靠谱的投资机构破产。还有一个问题更严重，120万亿人民币的M2换成美元是17万亿，像堰塞湖一样，如果突然间下降的话，这个资金会垮塌，国外没那么高的回报率，如果一旦降到跟国外的回报率资金就可能跑了，所以“十三五”期间在国外项目开放的问题上会非常谨慎。我估计“十三五”期间在金融领域会有很多改革，其中有一条就是资本账户的兑换会比较谨慎，这是第二个挑战。

第三件事，新型的政府与企业的关系问题。我觉得，怎样给地方政府官员提供正面激励非常重要，毕竟中国经济并不是完全市场经济，投资、基础投资建设、拆迁都需要政府官员来执行。光是简单地靠简政放权可能还不够，再简政放权，也绕不过最后一关，拆迁、招标、规划还得靠政府，“十三五”期间如果这个问题解决得好，经济增长一定能够有保证，不止 6.5%，应该朝着 7%，甚至更高一点。因为我们的目标不只是 2020 年，恐怕还要是 2050 年。